COLLECTION
ROLF HEYNE

KUNST
DES
YOGA

KATHY PHILLIPS

KUNST DES YOGA

ENERGIE & HARMONIE

KATHY PHILLIPS

MIT EINEM VORWORT VON
CHRISTY TURLINGTON

COLLECTION ROLF HEYNE
MÜNCHEN

Für Mary Stewart, ihre Weisheit,
Großzügigkeit und Freundschaft.

INHALT

1   YOGA HEUTE

2   DIE YOGA-PRAXIS

3   DIE WURZELN DES YOGA

DIE OFT ÜBERZEICHNETE Schönheits- und Modeindustrie ist voller Widersprüche. Immer wieder höre ich die erstaunte Frage: »Fühlten Sie sich von Yoga angesprochen, weil Sie in einer so sinnentleerten Welt lebten?« Die Antwort ist einfach: »Ja und nein.« Ich war vierzehn, als ich meine Karriere als Model begann, und achtzehn, als ich Yoga entdeckte. Mein Leben war extrem hektisch geworden und mit zunehmendem Tempo schien ich meinen Körper und meine Seele immer weiter hinter mir zu lassen. Ich bin nicht sicher, ob es an dem Beruf lag, mit dem ich meinen Lebensunterhalt verdiente, oder daran, wie und mit welcher Geschwindigkeit ich ihn ausübte, dass dieses Gefühl der inneren Spaltung in mir aufkam, das wiederum den Wunsch nach Selbsterkenntnis weckte, wie Yoga sie bietet. Ich hätte das eine nicht ohne das andere getan, so viel ist sicher. Wie in vielen anderen Welten, kann man auch in dieser Welt zahlreiche Wege gehen. Meine Laufbahn war voller Hindernisse, aber ohne diese Hindernisse hätte ich vielleicht nie zum Yoga gefunden, und ohne Yoga wäre ich nicht der Mensch, der ich heute bin.

Zu den wichtigsten Dingen, die Yoga uns lehren kann, gehört, bei Allem sein Urteilsvermögen zu schärfen und Gleichmut zu bewahren. Oft mag es scheinen, als ginge man den schwierigeren Weg, wenn man das Richtige tut. Doch gerade die Schwierigkeiten sind für uns oft die wichtigste Lektion, denn sie geben uns die Chance, inne zu halten und die Situation objektiv zu betrachten, ehe wir handeln. Stets haben wir eine Wahlmöglichkeit und jede Wahl ist uns eine Lehre.

Überdies ist für Yoga Übung erforderlich und die Praxis belohnt uns reichlich. Scheinbare Grenzen lösen sich auf und es eröffnen sich endlose Möglichkeiten. Die Schönheits- und Modeindustrie hat mir zahllose Chancen geboten, das zu üben, was Yoga mich gelehrt hat, und mir außerdem die Möglichkeit gegeben, die Bekanntschaft einiger alter Hasen zu machen, zum Beispiel Kathy Phillips. Ihre Sichtweise von Schönheit entspringt ihrer lebenslangen Hingabe an Yoga und dem Licht, das er in ihr entzündet hat, und durch ihre Arbeit bei *Vogue* beeinflusst sie nach wie vor viele andere Menschen.

CHRISTY TURLINGTON

DAS ERSTE YOGA-BUCH, das ich mir — wie Tausende anderer angehender Yogis — gekauft habe, war B.K.S. Iyengars *Licht auf Yoga*. Es war eine Taschenbuchausgabe — was sage ich war, denn es gibt sie noch heute, aber nach über fünfundzwanzigjährigem Gebrauch (sie ist mit mir um die ganze Welt gereist) ist sie völlig zerfleddert und wird von einem Gummiband zusammengehalten. Das zweite Buch, das mich stets auf meinen Reisen begleitet, ist *Teach Yourself Yoga* von meiner Lehrerin Mary Stewart, der es gelungen ist, in diesem schmalen Band nicht nur alles Wesentliche zum Verständnis dieses Themas unterzubringen, sondern auch wertvolle Ratschläge zu Ausführung und Sinn von Yoga-Haltungen zu geben. Mittlerweile ächzen die Regale in den Buchhandlungen unter den Massen von Yoga-Büchern. Was könnte ich also noch zu sagen haben?

Dieses Buch soll nicht etwa ein weiteres Handbuch, ein weiteres Ratgeberbuch über das endlose Thema der verschiedenen Yoga-Techniken sein. Sie werden hier weder ehrwürdige Inder in Lendentüchern finden, die sich in komplizierten Haltungen verrenken, noch muskulöse Frauen im Body, die Yoga-Stellungen demonstrieren. Ich wollte ein Buch machen, das vor allen Dingen inspiriert, das diejenigen, die sich für Yoga interessieren, zum Beginnen ermutigt, und gleichzeitig die Praxis jener bereichert, die schon seit Jahren dabei sind.

Außerdem war es mein Anliegen, in dieser Zeit weltweiter Begeisterung für die alte östliche Kunst die verwirrenden Informationen, die sich über die Medien und die unzähligen Yoga-Studios der westlichen Städte verbreiteten, zu ordnen. Welche Form des Yoga praktizieren Sie? Wodurch unterscheiden sich Hatha-, Iyengar-, Sivananda- oder Ashtanga-Yoga? Lässt sich die Yoga-Lehre wirklich auf das Leben im Westen übertragen? Iyengar, der über achtzigjährig immer noch unterrichtet, sagte kürzlich einmal: »Es schmerzt mich zu sehen, wie diese großartige Sache kommerzialisiert und um der Show willen oberflächlich praktiziert wird. Da Yoga heute voll im Trend liegt, preisen einige Yoga-Lehrer ihre Art der Lehre als authentisch und einzigartig an und doch steckt keinerlei Tiefe in ihrem Sadhana.«

Ich meine, dass bei dem heute populären akrobatischen Power-Yoga viel von dem natürlichen, gefühlvollen Fließen verloren gegangen ist, zu dem der Körper in den Haltungen findet, wenn sie mit Demut, mit Gefühl und unter Nutzung der Schwerkraft ausgeführt werden. Ich wünschte mir, dass Übende im Geiste eine echte Kobra sehen, während sie die Kobra-Haltung einnehmen, und die Verwurzelung eines Baumes spüren, wenn sie in die Baum-Haltung gehen. Diese Haltungen haben eine Geschichte, nicht nur bezüglich ihrer heilsamen Wirkung auf Organe und Nervensystem, sondern auch organisch gesehen in ihrem Bezug zu Pflanzen, Tieren und mythischen Helden, die ihnen Pate standen. Während ich über die Yoga-Haltungen nachlas und zu schreiben begann, stellte ich übrigens fest, dass ich daraus auch für meine eigenen Übungen Nutzen zog.

EINLEITUNG

Schließlich hatte ich den Wunsch, das Land und die Kultur, die Yoga hervorgebracht haben, mit ihrer Geschichte darzustellen. Dabei war es mir wichtig, den Text klar und verständlich zu halten, auch wenn es um die Erklärung der so komplexen und tiefgründigen indischen Philosophie ging; ich wollte das Thema möglichst weitgehend entmystifizieren, um den Zugang zu erleichtern. Hätte ich ein Buch machen können, das man nicht nur sehen, sondern auch riechen, schmecken und hören kann, dann hätte ich vor allem die letzten Seiten in Gewürze, Weihrauch und die Klänge Indiens getaucht, um jene Atmosphäre zu vermitteln, die nach meinem Empfinden Teil des alten Systems ist.

Während der vergangenen fünfundzwanzig Jahre habe ich auf der ganzen Welt an Yoga-Stunden teilgenommen. Ich habe in schimmligen Kellern, Zen-Schulen, kalten Kirchen, engen Hotelzimmern und am Ufer eines tiffanyblauen Meeres Yoga betrieben. Ich bin regelmäßig bei Tagesanbruch aufgestanden, um von London nach Oxford zum Yoga-Unterricht zu fahren, war zu Yoga-Wochenenden auf dem Lande und nahm Stunden in Indien, Thailand, New York, Los Angeles, Paris und London. Ich habe ganze Tage, drei oder fünf Stunden oder auch nur fünfundvierzig Minuten Yoga gemacht, vor der Arbeit, nach der Arbeit und in meiner Freizeit. Ich war in Yoga-Klassen, in denen Räucherstäbchen abgebrannt oder Yogi-Fliegen, Sanskrit-Chanten, mystische Atemtechniken und Meditation geübt wurden, Stunden, in denen Kundalini-, Iyengar-, Sivananda- oder Hatha-Fusion-Yoga gelehrt wurde, wie es hieß. Ich hatte Privatunterricht und war in Gruppen mit bis zu hundert Teilnehmern. Ich begann mit Yoga, nachdem ich Ballettunterricht genommen und mich dann Aerobic und Jazzdance zugewandt hatte. Gelangweilt von stereotypen Übungen stellte ich fest, dass Yoga meinen Körper ohne jedes Risiko umfassend und behutsam in Form brachte, und mich darüber hinaus eine Philosophie der Gelassenheit, Achtsamkeit und Mäßigung lehrte. Es war für mich wie eine Offenbarung.

Im Yoga gibt es seit alters her die Überzeugung, dass man den richtigen Lehrer findet, wenn man ihn braucht. Was das betrifft, hatte ich unendliches Glück. Meine erste Lehrerin Penny Nield-Smith war eine der ersten europäischen Schülerinnen Iyengars, der sie dazu ausbildete, in Großbritannien zu unterrichten. Eines Tages schickte sie mich mit den Worten fort, dass sie mir nichts mehr beibringen könnte. Fast sofort fand ich Kofi Busia, einen Nigerianer, der in Oxford lehrte. Seine Art des Yoga war hart, aber inspirierend. Am Anfang heulte ich beinahe, wenn andere Teilnehmer seiner Gruppe mühelos zwanzig Minuten im Kopfstand verharrten. Doch mit Übung erreichte natürlich auch ich eine Geduld und Ausdauer, die mich ebenso überraschte wie meine Freunde und meine Familie. An vielen Wochenenden war ich vor sechs Uhr auf den Beinen und fuhr zu Kofis Unterricht nach Oxford. Ich ernährte mich nur noch makrobiotisch und zwang meine Familie, die nicht wenig zu leiden hatte, anstelle von Zucker Melasse und statt Gelatine Agar-Agar zu essen. Ich drängte ihr alle möglichen harten Ernährungsregeln auf. Als Kofi nach Amerika ging, fiel ich wie von selbst in Cathie Jansons sanfte, bewegliche Hände. Bei Cathie lernte ich, mein Tempo zu drosseln, maßvoller zu werden, anzunehmen. Als ich mehr lernen wollte, war es Cathie, die mich zu Mary schickte, und Mary schließlich ermutigte mich, bei ihr eine zweijährige Ausbildung zur Yoga-Lehrerin zu beginnen. Gestern erst, während ich noch an diesem Buch schrieb, stand ich auf und machte etwa vierzig Minuten lang Übungen, ehe ich ins Büro ging. Nachdem ich mich aufgewärmt hatte, ging ich in den Kopfstand und dann mit einer Leichtigkeit, die mich selbst überraschte, noch im Kopfstand in den Lotus. Ich hatte vorher geglaubt, dass ich vielleicht an einen Punkt gekommen sei, an dem mein Körper keine weiteren Fortschritte mehr machen würde. Und doch hatte sich etwas verändert, gelöst, befreit. Da war ich, ganz allein, niemand sonst, den ich teilhaben lassen konnte. Und ich fühlte mich unglaublich glücklich.

Die Stunden, die Jahre, die ich mit Yoga verbracht habe, waren immer eine Freude und ein Genuss. Auszeit, um loszulassen, meinen Geist zur Ruhe zu bringen. Ein Leben ohne Yoga ist undenkbar für mich. Letzten Endes ist dieses Buch einfach der Versuch, meine Begeisterung mitzuteilen.

KATHY PHILLIPS

Ich möchte meiner Lektorin Rebecca Porteous danken, die mit ihrem Wissen über Philosophie und Praxis und ihrer Begeisterung für Yoga die Zusammenstellung dieses Buches um so vieles leichter gemacht hat. Ohne sie hätte ich es nicht geschafft. Danken möchte ich auch meiner Verlegerin Annabel Merullo, dass sie sich meiner angenommen hat, sowie Mary Stewart, Chloë Fremantle und Catherine James für ihre ständige Ermutigung und ihre Weisheit; ebenso Teresa Mermagen, die zeigt, wie die Asanas Stärke, Fließen und Gelassenheit in sich vereinen und dabei so schön aussehen. Großen Dank auch an die Fotografen John Swannell, Werner Forman, Robin Derrick und Paul Smith für ihre Ideen und ihre Großzügigkeit; an Alexandra Shulman, Vikki Berg und Jordana Reuben von Vogue für ihre ständige Unterstützung bei meiner täglichen Arbeit; an Pam Mason, Fleur Clackson, meine Agentin Araminta Whitley, Sunetra Atkinson und Catherine Green, die mich angesport haben; an John Frieda für die Übersendung inspirierender Bücher; an Lisa McRory, Norma Newman, Luke Hersheshon und Germaine für ihren guten Rat bei den Fotoaufnahmen; an Krizia, Liza Bruce, Ronit Zilka und Pineapple für die Kleider; an Kate Stephens für ihre einfühlsamen Layouts; an Jenny von The Yoga Place, Barbara Heller vom Werner Forman Archive, Jo Wallace von V&A und den Fotografen Robert Mort für seine unschätzbare Hilfe bei der Zusammenstellung von Bildern und Ideen; an Christy Turlington für ihre Bereitschaft, das Vorwort zu verfassen; an Giles Eyre und Charles Greig, die mein ganzes Leben lang ihr Wissen und ihre Liebe zu Indien mit mir geteilt haben; und schließlich an meine Zen-Familie Anthony und Oscar für ihre grenzenlose Toleranz gegenüber meiner Beschäftigung mit Yoga während all der Jahre und ihre bedingungslose Liebe.

YOGA HEUTE

DER PSYCHOANALYTIKER Carl Gustav Jung sagte einmal, Yoga sei eine Form der seelischen und körperlichen Hygiene, die ein desorientiertes und undiszipliniertes Publikum in der westlichen Welt vor allem aufgrund seiner Ernüchterung über die etablierte Religion und seiner Faszination für alles Neue nur allzu begierig übernommen habe. Diese Überlegungen stellte er vor mehr als zwanzig Jahren an. Was würde er heute sagen? Wie würde er über die Super-Swamis urteilen, die zu beiden Seiten des Atlantiks Yoga-Klassen füllen, über die bionisch aufgepowerten Yogis von heute, die einen starken Körper und ihre praktischen Kenntnisse der Hindu-Schriften zur Schau stellen, über ihre Lehrer, die anscheinend schon nach wenigen Jahren Praxis den Status von Gurus erreicht haben? Was würde er davon halten, dass inzwischen weltweit Meditation als Allheilmittel für sämtliche Krankheiten und Belastungen des modernen Lebens betrieben wird?

Selbst der Yoga-Neuling besitzt ein Sanskrit-Lexikon, um seine Freunde zu beeindrucken. In den USA ist in Yoga-Stunden das rituelle Chanten zu Beginn und Ende des Unterrichts die Regel, ebenso das Anzünden von Weihrauch und die Teilnahme an Intensiv-Wochenenden, auf denen stundenlanges Chanten und Meditation zum Programm gehören. Von Los Angeles bis New York und von London bis Sydney drängen sich heute Yoga-Anhänger in Klassenzimmern, Turnhallen, Studios und Kirchen. Die beliebtesten Filmstars, Models, Designer und Fernsehgrößen haben Yoga für sich »entdeckt«. Wir lesen darüber pausenlos in der Presse und können uns Yoga-Videos von Prominenten anschauen, die meist kommerziell und mit Hilfe eines erfahrenen Lehrers produziert werden. Fortschrittliche Firmen bieten in ihrem Haus Yoga-Unterricht für die gesamte Belegschaft an, so wie japanische Unternehmen ihren Angestellten täglich T'ai Chi offerieren.

VON DEN HIPPIES BIS ZUM PROMI-ZEITALTER

Es gibt Yoga-Ferien auf Ibiza, in Goa und auf dem Sinai, Wallfahrten zu indischen Ashrams, Retreats im Himalaya und Pauschalreisen zu dem hinduistischen Fest Kumbh Mela, bei dem Menschen sich durch ein Bad im Ganges von ihren Sünden rein waschen.

Das Lehren von Yoga ist heute eher Beruf als Berufung. Die Angehörigen der neuen Yoga-Elite nehmen ihre Lehrer überall hin mit, sie brüsten sich ihrer Körper voll praller Muskeln, die fester sind, als sie jemals irgendein ehrwürdiger indischer Weiser entwickelt hat, und sie propagieren eine neue Philosophie des »Kümmerns«, des »Teilens« und der »Bestärkung«. Zu diesem Yoga-Lebensstil, für den zwar teure biologische Nahrungsmittel ein absolutes Muss sind, nicht aber Beschränkungen im Konsum von Alkohol oder jeglicher anderer Drogen, gehören auch besondere Requisiten und Kleidung von Designern wie Yoga-Matten, Gürtel oder Anzüge mit den entsprechenden Markennamen, die sie als echt ausweisen.

Jawohl, mit dem Yoga des einundzwanzigsten Jahrhunderts lässt sich Geld verdienen. Nicht nur von den Gurus mit ihren Unterrichtsstunden, Intensivkursen und Mitgliederseminaren, sondern auch mit dem Verkauf von Kassetten, Handbüchern, Ratgebern, Bildbänden, Trinkbechern und T-Shirts, ebenso mit allem erdenklichen indischen Krimskrams, billigem Schmuck, Götterbildern und so weiter. Blättern Sie einmal eine der zahlreichen Yoga-Zeitschriften durch, die überall im Handel zu haben sind, und Sie werden den gesamten Markt der auf Yoga ausgerichteten Konsumartikel kennen lernen, mit denen clevere Unternehmer ihre Gewinne machen. Hollywood hat uns sogar einen Film beschert, in dem Madonna persönlich eine Yoga-Lehrerin spielt.

Doch wie ist dieses explosionsartige Interesse an Yoga zu erklären? Entspringt es der neuerlichen Empfänglichkeit für alles Asiatische in den neunziger Jahren, oder war der normale, karriereorientierte Erfolgstyp schlichtweg der Tretmühle und der langweiligen Kraftübungen in Fitness-Centern mühe geworden und suchte nach einem neuen Weg, seinen Endorphinspiegel hoch zu halten?

SEITE 14: *In diesem Schrein im Jiva Mukti Yoga Centre in Manhattan teilt sich der große Yogi Krishnamacharya seinen Platz mit den Beatles und Nelson Mandela, die alle auf ihre Weise bedeutende Persönlichkeiten sind, doch zeugt nicht dieses Nebeneinander für die Supermarkt-Mentalität, mit der man heute Yoga und Spiritualität begegnet?*

LINKS: *Am ersten Tag des hinduistischen Festes Kumbh Mela, das alle drei Jahre stattfindet, laufen heilige Männer in die Fluten des Ganges. Sie hoffen, sich so von ihren Sünden rein zu waschen.*

Ein Mann, der von einem wütenden Löwen bedroht und gerettet wird, fragt nicht, ob ihm dieser Dienst von einem Unbekannten oder einem hoch Gestellten erwiesen wurde. Weshalb also suchen Menschen Wissen bei berühmten Personen?

AL-GHAZALI. PERSISCHER PHILOSOPH DES ZWÖLFTEN JAHRHUNDERTS

LINKS: *Im Jahr 1948 posierte Marilyn Monroe für eine ganze Fotoserie in Yoga-Stellungen. Doch wie gut Ihnen Marilyn auch gefallen mag, lassen Sie sich nicht in Versuchung führen, ihre Technik nachzuahmen.*

RECHTS: *Auf welcher Seite des Atlantiks Sie auch wohnen mögen, die Yoga-Matte ist heute obligatorisch, sozusagen die Hermès-Tasche der Spiritualität. Zu den Prominenten, die Yoga zum heißesten Trend für körperliche Fitness machten, gehören Meg Ryan, Dennis Quaid, Gwyneth Paltrow, Julia Carling und Madonna.*

Die ersten Wogen der Begeisterung für Yoga standen für die etablierte Kirche im Geruch teuflischer Rituale, Yoga-Treibende galten als anarchische Hippies und Ekzentriker, die gegen das Establishment waren und Drogen nahmen. Die Yoga-Anhänger von heute sind gewöhnlich respektable Mittelstandsbürger, die nach einem tieferen Sinn des Lebens suchen. Tatsächlich verkünden die Yogis des einundzwanzigsten Jahrhunderts geradezu missionarisch die lebensverändernde Wirkung ihrer täglichen Übungen. Eine ähnliche Verwandlung hatten schon die Beatles durchgemacht, als sie vor vierzig Jahren dem Maharishi Mahesh Yogi begegneten, der sie in Transzendentaler Meditation unterwies und ihnen die Augen für neue Weisen der Wahrnehmung öffnete. Ebenso erging es den vielen Menschen, die Jiddu Krishnamurti im Nachkriegsamerika in seinen Bann zog, doch keiner dieser beiden Gurus hielt eine rigorose Praxis vom »Hund, der nach unten schaut« oder »Chatarangas« für notwendig. Heute ist an die Stelle der New-Age-Anhänger der sechziger Jahre und der wahrheitssuchenden Intellektuellen eine neue Generation von Yoga-Jüngern getreten, die zunächst von dem Wohlgefühl und guten Aussehen motiviert wurden, die das regelmäßige Üben von Asanas mit sich bringt, die aber gleichzeitig von der Yoga-Philosophie fasziniert sind.

Madonnas Begeisterung für Yoga hat ihr eine Hauptrolle eingebracht. In Ein Freund zum Verlieben *spielt sie eine Yoga-Lehrerin. Hier ist sie zusammen mit ihrem Filmpartner Rupert Everett zu sehen.*

Warum auch nicht? Die Kirche verliert immer mehr an Einfluss, die Menschen fühlen sich machtlos angesichts von Globalisierung, Umweltverschmutzung, der Zerstörung von Lebensräumen und Marktkräften, die jede Möglichkeit vereiteln, Herr des eigenen Schicksals zu sein. Selbst Naturwissenschaftler, die meist Atheisten waren und einstmals ihres faktischen Wissens so sicher, diskutieren heute über die Ursprünge des Lebens. Einige sagen, dass es sehr wohl einen Gott oder zumindest irgendeine andere dynamische Kraft »da draußen« geben mag. Eifrig sind sie damit beschäftigt, die Relativitäts-theorie oder ihren Standpunkt zum Gesetz der Schwerkraft zu überdenken. Als würde dies nicht schon ausreichen, uns alle zu verwirren, deuten neue Forschungen auch noch darauf hin, dass das Universum keineswegs vierdimensional ist, sondern vielleicht aus zwanzig oder dreißig Dimensionen besteht. Der Urknall, so verkünden Physiker, sei möglicherweise nicht der Beginn der Evolution, sondern lediglich der Anfang einer neuen Ära gewesen. Da verwundert es nicht, dass das alte yogische Konzept vom »Prana«, das sowohl für den Atem als auch für die universelle Dynamik des Kosmos steht, an Attraktivität gewinnt. Schließlich ist es eine seit etwa fünftausend Jahren existierende Hypothese, die sich jeder Anfechtung erfolgreich widersetzt hat.

Der Strand war stets ein beliebter Übungsplatz für Gruppen-Yoga, in Bombay ebenso wie im englischen Brighton oder in Kalifornien. 1934 war Yoga in Großbritannien noch ein so neues Phänomen, dass die Kinder, die unten die Kobra-Haltung üben, eine beachtliche Zuschauerschar anlockten. Im Kalifornien der achtziger Jahre waren Yoga-Treibende bereits ein so vertrauter Anblick geworden, dass die Erwachsenen links, die sich an einem Strand verrenken, nur noch die Aufmerksamkeit eines belustigten Fotografen wecken konnten.

Doch im Laufe der Zeit hat sich durch das Verschmelzen von Riten und Weltanschauungen einer Vielzahl östlicher Kulturen die Praxis des Yoga verändert. Der neue Yoga mit seinem deutlich aggressiven Stil liegt im Widerstreit mit dem sanften, unkämpferischen Geist der Konvertiten der sechziger und siebziger Jahre. Heute herrscht nicht nur zwischen den verschiedenen Stilrichtungen Rivalität, sondern auch in den Gruppen selbst. Der Unterricht ist nicht so sehr ein Ort, an dem der Lehrer seine Schüler in den Feinheiten einer Haltung unterweist, sondern vielmehr eine Plattform, um sich zu produzieren und andere mit der unglaublichen Fertigkeit zu beeindrucken, seinen Körper in immer schwierigeren Haltungen zu verbiegen und zu verrenken. Heute geht es darum, das Beste zu geben, im Mittelpunkt zu stehen, für die Selbstdarstellung gerüstet zu sein. Innenschau und der langsame Erwerb von Weisheit spielen eine untergeordnete Rolle, gefragt sind vielmehr Antworten auf Frustrationen und das fortwährende Streben nach einem schönen Körper – das entscheidende Nebenprodukt von Yoga. Das in Los Angeles geborene Studio-Krafttraining machte einem Power-Yoga-Training für ein neues Jahrtausend Platz, das für manchen zweifellos wenig mehr als ein Fitness-Programm zum Erlangen eines neuen sehnigen, muskulösen Körpers ist.

Während der heutige Trend zum so genannten »Power-Yoga« im Kielwasser der kalifornischen Besessenheit für Aerobic, diesem Streben nach einer Form von körperlicher Perfektion als Gegenmittel für schädliche Süchte, entstanden ist, mag es auch eine umgekehrte Entwicklung gegeben haben. Als Krishnamacharya, einer der großen Gurus des modernen Yoga, in den dreißiger Jahren des letzten Jahrhunderts den Maharajah von Mysore unterwies, bekundete dieser zweifellos weit gereiste Aristokrat ein offensichtliches Interesse an westlicher Gymnastik. Natürlich ist es möglich, dass ein westliches

Das heutige Phänomen geballter »Spiritualität« ist nicht eine Pilgerreise zur Mitte. Es ist eher einem Überfallkommando vergleichbar, das plötzlich auftaucht und alles plündert, was an spiritueller Erfahrung und Erkenntnis zu holen ist, und sich dann sofort hinter die Mauern des religiösen Egos zurückzieht.
DOM JOHN MAIN

Gymnastikelement auf die gleiche Weise fast unbemerkt Eingang in die indischen Übungen gefunden hat, wie sich kleine Elemente von T'ai Chi, Feldenkrais-Methode und Aerobic in die heutige Asana-Praxis eingeschlichen haben. Doch wie immer es gewesen sein mag, als Krishnamacharyas Schüler, allen voran Pattabhi Jois, nach Amerika gingen, um die Botschaft zu verbreiten, waren ihre Anweisungen vielleicht nicht ganz authentisch im Sinne des Ostens, sondern lediglich eine Wiederverwertung ihrer eigenen Gymnastik.

Wie bei jeder anderen westlichen Mode wurde auch für die Yoga-Praxis ein ganzes Arsenal von obligatorischen Konsumartikeln erfunden. Sagte B.K.S. Iyengar in seinem großartigen Buch *Licht auf Yoga* noch, dass man zum Üben nicht mehr als eine Matte und ein schattiges Plätzchen benötigte, bedienen sich heutige Yoga-Schüler – allen voran Iyengars Anhänger – aller möglichen Hilfsmittel: Bänder, Schaumstoffblöcke, Decken, Stühle und speziell gefertigte Rückenstützen bringen den westlichen Körper, der nun einmal genetisch bedingt nicht immer so geschmeidig ist wie sein östliches Gegenstück, zu immer neuen Höchstleistungen. Briten indischer Herkunft, für die Yoga häufig Teil der Kultur ihrer Wurzeln ist, sind gewöhnlich verwirrt und mitunter sogar gekränkt, wenn sie sehen, wie man in Großbritannien ihre heiligen Lieder, Kleider und Rituale bedenkenlos vereinnahmt. Aber natürlich gibt es auch Inder, die schamlos Programme entwickeln, um naiven Enthusiasten Geld aus der Tasche zu ziehen, und ebenso besteht ein himmelweiter Unterschied zwischen einem kleinen indischen Ashram und manchen Versammlungen von Kultanhängern, die die Bedürfnisse eifriger westlicher Yogis befriedigen sollen. »Wer weiß, wie viel von dem, was heute geschieht, dem alten Geist des Yoga entspricht«, gibt Mary Stewart zu bedenken. Sie lernte bei Iyengar, lehrte über dreißig Jahre in England, Amerika, Kanada, Italien und Indien und entwickelte zusammen mit ihrer Freundin Vanda Scaravelli einen neuen Stil, der mehr Gewicht auf die Atmung legt. »Heute scheint man Spiritualität mit einer Supermarkt-Mentalität zu betrachten«, sagt sie. »Wenn du die Zeit hast, kannst du ihr frönen und du kannst dir dies und das herauspicken und mischen und dabei die Regeln selbst aufstellen.«

Als Produkt, das vermarktet werden muss, hat Yoga sein altes Image, das ihn mit Naturreis und Gesundheitssandalen verband, verloren. An seine Stelle ist ein Hauch von typisch britischer Selbstironie oder sogar reiner Kitsch getreten.

Dieser Mann hat sich
heilige Symbole aus einer
ganzen Sammlung mysti-
scher Traditionen des Ostens
auf seinen Körper tätowie-
ren lassen, wie etwa die
wundervolle Kundalini-
Schlange, die sich um seinen Bauchnabel windet
und zu seinem Scheitel-
chakra emporzusteigen
beginnt.

Enge den Körper ein und du schrumpfst den Geist. Das ganz neue Avalon. Der geräumigste, luxuriöseste Sedan, den wir jemals gebaut haben. Toyota. Sei gut zu dir. Jeden Tag.

TOYOTA-WERBEANZEIGE, NEW YORKER, 1999

MANCH EINER, der sich als Teil der neuen Yoga-Welle begreift, sollte vielleicht einmal auf das Ende des letzten Jahrhunderts zurückblicken und es als eine Zeit sehen, in der sich im Westen eine Ernüchterung über den herrschenden Materialismus breit machte und sich ein neues Bewusstsein entwickelte, das der Suche nach einem spirituelleren Leben Platz einräumte. Zweifellos hat sich die mit diesem »Bewusstsein« einhergehende Terminologie im Laufe der vergangenen Jahrzehnte in unserer Gesellschaft tief verwurzelt, wie die Wortwahl der Toyota-Anzeige beweist. Aber selbst denjenigen unter uns, die nicht an die Aufrichtigkeit des heutigen New Age glauben, ist sie nicht so neu, wie wir vielleicht meinen. Die Verbreitung religiöser und philosophischer Ideen Indiens im Westen ist zu einem großen Teil Verdienst der Theosophischen Gesellschaft, die in den USA von Helena Blavatsky gegründet wurde, einer ekzentrischen Russin von angeblich aristokratischer Abstammung mit einer geheimnisvollen Vergangenheit. Aus diesem Grund handelte es sich bei der meisten Literatur, auf der das Studium der indischen Philosophie im Westen basierte, bis in jüngste Zeit um Übersetzungen der Theosophischen Gesellschaft und entsprechend waren diese von deren Überzeugungen gefärbt. Der indirekte Einfluss der Theosophen auf unser westliches Verständnis der fernöstlichen Philosophie ist deshalb weitaus größer, als die meisten Menschen glauben.

DAS ERBE DER THEOSOPHEN

ZU BEGINN DER SIEBZIGER JAHRE des neunzehnten Jahrhunderts trat Madame Blavatsky mit der Theorie in Erscheinung, dass der Mensch nicht vom Affen, sondern von geistigen Wesen abstamme. Blavatsky war keine Schönheit, vielmehr eine kräftige Frau mit hervortretenden Augen, aber eine starke Persönlichkeit mit einer einzigartigen, herausfordernden visionären Kraft, gepaart mit Charisma und Chuzpe, wodurch sie ein beträchtliches Publikum faszinierte. Die Theosophie, vor deren Hintergrund Blavatsky 1875 zusammen mit Henry Olcott ihre Gesellschaft gründete, inspirierte auch etliche andere konkurrierende Gurus und Sekten, unter ihnen den deutschen Philosophen Rudolf Steiner sowie den charismatischen Okkultisten G. Gurdjieff, P. Ouspensky und J. Krishnamurti. Deren Ideen wurden nicht etwa nur von einem Häuflein verrückter Spinner aufgegriffen, sondern auch von einigen der bekanntesten Intellektuellen ihrer Zeit wie etwa Aldous Huxley, Frank Lloyd Wright, W. B. Yeats und Christopher Isherwood – Letzterer legte später die Yoga-Sutras des Patanjali aus. Im Großen und Ganzen aber wurden die verschiedenen Gesellschaften und Einrichtungen von Spenden gelangweilter Reicher am Leben erhalten sowie von einer Vielzahl verlorener Seelen, die nach etwas suchten, dem sie sich anschließen konnten.

Im Jahr 1896 formulierte die Gesellschaft drei Hauptziele: erstens die Bildung einer universellen Bruderschaft der Menschen ungeachtet ihrer Rasse, Geschlechtszugehörigkeit, Religion, sozialen Stellung oder Hautfarbe; zweitens die Förderung des Studiums vergleichender Religionswissenschaft, Philosophie und Naturwissenschaft; drittens die Erforschung ungeklärter Naturgesetze und latenter Kräfte im Menschen. Die Theosophen und ihre Anhänger studierten yogisches Gedankengut und entwickelten daraus entweder eine akademische Wissenschaft oder etwas, das beinahe einer organisierten Religion nahe kam. Ihre Botschaft beinhaltete nicht körperliche, sondern spirituelle Befreiung. Sie entwickelten ein System religiöser Dogmen und lehrten so genannte spirituelle Techniken, die zur Erleuchtung führen sollten, wie Studium, Gebet und Medita-

Das Objekt deiner Suche ist das Selbst, das du bist.
HELENA BLAVATSKY

Helena Blavatsky, Gründerin der Theosophischen Gesellschaft.

Anne Besant im Alter von achtzehn Jahren. Sie übernahm nach Blavatskys Tod die Führung der Theosophischen Gesellschaft und adoptierte Krishnamurti, um ihn zu unterrichten und aufzuziehen.

Der gefeierte deutsche Philosoph Rudolf Steiner war zeitweise Mitglied der Theosophischen Gesellschaft, später gründete er die Anthroposophische Gesellschaft.

Charles Leadbeater, Freund und Verbündeter Madame Blavatskys, der letztlich wegen seiner Skandale um den Missbrauch ihm anvertrauter Jungen in Indien und Europa nach Australien flüchtete.

Der Geist, der Erfahrung sucht, ist unfähig zu verstehen, was die Wahrheit ist.
J. KRISHNAMURTI

tion, und forderten, dass Herz, Geist und Körper selbstlos und rein sein müssten, um mit den Geistern oder »Meistern« in Verbindung treten zu können.

Bei der Suche nach dem Schlüssel zu den Geheimnissen des Universums nahm Blavatsky für sich okkulte Kräfte in Anspruch, die es ihr erlaubten, mit den Meistern Kontakt aufzunehmen. Zu diesen gehörten alle großen Religionsführer der Vergangenheit wie Buddha, Konfuzius, Jesus Christus oder Laotse. Andere, weniger bekannte Meister standen angeblich durch Briefe, Séancen und Träume mit Blavatsky in Verbindung. Wie sie sagte, lebten die Meister auf einer höheren Ebene, waren unsterblich und körperlos und konnten sich, wann immer und wo immer sie wollten, materialisieren. Ein zentraler Punkt von Blavatskys Lehre lautete, dass jeder Mensch durch Übung und Hingabe die gleichen okkulten Kräfte entwickeln könnte wie sie.

Blavatsky faszinierte ihr Umfeld durch ihre Kenntnis asiatischer Schriften und Geschichten von spirituellen Reisen nach Tibet, die sie angeblich in ihrer Jugend unternommen hatte. Sie griff Ideen auf, die gerade in Mode waren, und interpretierte sie auf eigene Weise. So glaubte sie etwa, dass die Ausgrabung von Stätten der Maya und anderer mittelamerikanischer Kulturen Amerika als Heimat der ältesten Zivilisation der Welt ausweisen und Kalifornien möglicherweise das nächste Zentrum der Zivilisation und damit der kosmischen Evolution werden würde.

Dergleichen Äußerungen wie auch ihre Séancen, mystischen Beiträge in Broschüren, Briefen und Zeitschriften und ihre Botschaften von anderen Ebenen waren esoterische Ideen, die am Ende des neunzehnten Jahrhunderts ein Publikum faszinierten, das ihr nur allzu gern glauben wollte. Bis heute ist offen, ob Blavatsky eine Betrügerin war oder nicht. Doch ungeachtet dessen hatte die Theosophie einen radikalen Einfluss auf das kulturelle, soziale und selbst das politische Leben jener Zeit und durch ihre Schriften, Übersetzungen sowie ihre wichtigsten Anhänger, allen voran Krishnamurti, Gurdjieff, Ouspensky und Rudolf Steiner, wirkte sie sich auf die gesamte Entwicklung der Spiritualität im Westen aus.

Nach Blavatskys Tod übernahm wieder eine starke Frau die Führung der Theosophischen Gesellschaft, Annie Besant, die von Indien – wo die Bewegung noch heute eine beträchtliche Kraft besitzt – so verzaubert worden war, dass sie sich dort niederließ. In der Zeit, in der Besant in Benares (damals Varanasi) lebte, wurde Krishnamurti, während er mit seinem Bruder an einem Strand nahe Madras spielte, von dem höchst suspekten und pädophilen Charles Leadbeater entdeckt. Die Theosophen glaubten in dem damals Fünfzehnjährigen einen zweiten Christus zu erkennen und sagten voraus, dass er ein Weltenlehrer werden würde. Besant und Leadbeater holten ihn aus seiner Familie heraus und nahmen ihn unter ihre Fittiche, lehrten ihn seine eigene Kultur und bereiteten ihn auf seine Rolle als Guru vor. Andere Theosophen der zweiten Generation spalteten sich von der Theosophie ab und entwickelten eigene Philosophien wie etwa Rudolf Steiner, Sohn eines Telegraphisten bei der Österreichischen Südbahn an der österreichisch-ungarischen Grenze, und der im Exil lebende Russe Ouspensky. Steiner begründete die bedeutende und umfangreiche Lehre von der Anthroposophie, auf der die bewährten Methoden der biodynamischen Landwirtschaft und die Waldorfpädagogik basieren,

Eine Versammlung des »Ordens vom Stern im Osten«. Annie Besant führt den Vorsitz, links neben ihr der junge Krishnamurti.

während Ouspensky Bücher über Karma und Reinkarnation schrieb, von denen noch heute jährlich mehr als vierzigtausend Exemplare verkauft werden.

Der Star unter all diesen Figuren sollte jedoch Krishnamurti werden. Zwischen den beiden Weltkriegen bildete sich im Dunstkreis von »K«s neuem Dasein in Kalifornien ein enger gesellschaftlicher Zirkel aus Intellektuellen und Prominenten, zu denen Aldous Huxley, Bertrand Russell, Christopher Isherwood, Igor Strawinski, Iris Tree, Charlie Chaplin und Greta Garbo gehörten. Das Paradoxon ist unübersehbar: Ein zurückgezogen lebender Guru predigt tiefsinnig über menschliche Schwäche und die Notwendigkeit des Loslassens, während er, abgeschnitten von seinen Wurzeln, in einer seltsam unwirklichen Welt lebt, die von Prominenten, Popstars und mystischen Erbinnen auf Wahrheitssuche bevölkert wird. Krishnamurtis Status als spiritueller Führer erforderte es, ein Leben in Hingabe und absoluter Keuschheit zu führen, was sich als schwierig für einen Mann erwies, der gut aussehend, charismatisch und stets von Bewunderinnen umgeben war. Wie viele andere Gurus vor und nach ihm blieb Krishnamurti nicht so keusch und unbestechlich, wie es von einem Messias des New Age erwartet wurde. Bis zu seinem Tod im Alter von einundneunzig Jahren verwies er immer wieder darauf, dass er die Guru-Schüler-Beziehung beklage, und doch verbrachte er seine Zeit damit, einer gesellschaftlichen Elite, die willens war, für dieses Privileg zu bezahlen, eine höhere Weisheit nahe zu bringen.

Auch heutige Gurus befinden sich in einer ähnlich misslichen Lage. Nehmen wir den hoch intelligenten Deepak Chopra, einen brillianten Redner, der sich ein großes Publikum (und ein Vermögen) erworben hat, indem er einer neuen Riege von Prominenten, die unbedingt ihr Leben ändern möchten, die alten hinduistischen und buddhistischen Theologien nahebringt, oder die wunderhübsche Gurumayi Chidvilasananda, die Siddha-Meditation lehrt. Beide ziehen mit dem gleichen Tempo glühende prominente Anhänger an, wie sie über die Unsinnigkeit predigen, an jedem Wort eines Gurus zu kleben.

Der zeitgenössische Polit-Philosoph Simon May hat einige Voraussetzungen dafür ausgemacht, wie man ein Guru wird. Zwei sind nach seinen Worten, dass man ein Außenseiter am Rande der Gesellschaft sein und die Fähigkeit besitzen muss, mit dem Gewöhnlichen so intensiv in Verbindung zu treten, dass es mystisch erscheint. In der indischen Gesellschaft stand der »Guru« über allen Kasten. Er war der Lehrer, bei dem Könige und Minister Rat suchten. Heute scheint für die meisten Gurus Opportunismus, Ausbeutung und großer Reichtum typischer zu sein. Tatsächlich ist der Ruf vieler indischer und tibetischer »Gurus«, die in den Westen gekommen sind, durch Skandale sexueller wie auch finanzieller Art befleckt. Da sind die Geschichten von in Ehelosigkeit lebenden Männern, die vom rechten Weg abgekommen sind. Von frommen Gurus, die Jungen betatschten und behaupteten, sie hätten nur versucht, die Kundalini ihrer Schüler zu erwecken. Von Geldern, die zum Kauf zahlloser teurer Autos, Schmuck und all des anderen Putzes der materiellen Konsumwelt angehäuft wurden. Von Priestern, die die sexuelle Belästigung ihrer Schutzbefohlenen eingestanden. Und von bejubelten Lehrern, die ihre Vertrauensstellung ausnutzten und Schülern einredeten, dass unter ihrer Führung eine moralische Entgleisung keine Sünde sei. In vielen Fällen wurde über die Vergehen hinweggesehen, vermutlich mit der Begründung, dass Spiritualität oder selbst Heiligkeit und körperliche Liebe sich nicht ausschließen müssten, aber diese Argumentation ist eindeutig heuchlerisch.

Alternative Religionen und Religionslehrer sind attraktiver denn je. Bücher wie Baird T. Spaldings fünfbändiges Werk *Leben und Lehren der Meister im Fernen Osten*, das den okkulten Schriften Madame Blavatskys nicht unähnlich ist, verkaufen sich zusammen mit allen erdenklichen esoterischen Theorien in den gesamten USA nach wie vor. Und vergessen wir nicht den Sensationserfolg von James Redfields *Die Prophezeiungen von Celestine*, die, 1993 veröffentlicht, zwei Jahre lang mit einer weltweiten Millionenauflage auf den internationalen Bestsellerlisten standen. Dieses Buch der zehn Einsichten, eine Parabel über die Notwendigkeit spiritueller Erkenntnis in der heutigen Welt, wird als einfache Geschichte erzählt, in der von »Offenbarungen«, »Synchronizität« und »willentlicher Materialisation« die Rede ist. Die Botschaft lautet, dass durch Reinheit von Gedanken und Tat das Leben und die Verständigung auf einer anderen Ebene möglich seien. Madame Blavatsky wäre stolz gewesen. Die Verkaufszahlen legen den Schluss nahe, dass auch nach mehr als hundert Jahren immer noch ein universeller Durst nach Antworten auf die Schlüsselfragen der Existenz besteht, den weder die etablierten Religionen noch die Wissenschaft befriedigen konnten. Am Beginn eines neuen Jahrtausends ist der allgemeine Hunger auf spirituelle Abenteuer sogar noch größer geworden.

Es ziehen die Menschen dahin, um zu bewundern die Höhen der Berge und die gewaltigen Wogen des Meeres, den breiten Strom der Flüsse, die endlose Weite des Ozeans, den Kreislauf der Gestirne, aber sie lassen sich selbst außer Acht, ohne sich zu wundern.

AURELIUS AUGUSTINUS

RECHTS: *An einem Strand in Indien läuft eine einsame Gestalt. Die wunderbare Abgeschiedenheit einiger entlegener Küsten des indischen Subkontinents bewegt seit langem spirituell Suchende zur inneren Einkehr.*

Die Asana-Praxis ist ein konkreter Weg,
um den Geist in Gleichmut zu üben.

WILLEM DAFOE, SCHAUSPIELER

SEIT BEGINN des zwanzigsten Jahrhunderts sind überall in der westlichen Welt zahllose Schulen, Ashrams und Zentren entstanden, in denen Yoga praktiziert wird. Lehrer haben eigene Techniken mit unterschiedlichen Schwerpunkten entwickelt und ihren »neuen« Methoden Namen gegeben. Wie das Delta eines Flusses oder die Äste eines Baumes verzweigen sich die Yoga-Schulen zu immer weiteren Ablegern. Heute ist die Auswahl so groß, dass es für den Anfänger schwierig sein kann, die richtige zu finden. Mittlerweile wird der Begriff »Yoga« auf viele Formen der Askese, Meditation und spirituellen Schulung angewandt, ursprünglich entstand er jedoch im südlichen Indien als eine Lehre für diejenigen, die dem karmischen Kreislauf von Ursache und Wirkung entrinnen wollten und nach einem höheren Bewusstsein strebten. Die *Bhagavadgita* nennt achtzehn verschiedene Arten des Yoga mit eigenen Schwerpunkten. Die Yogatattva (Sanskrit-Schrift) erkennt vier Arten an – Hatha-Yoga, Laya- (oder Kundalini-)Yoga, Mantra-Yoga und Raja-Yoga. Häufige Erwähnung finden jedoch auch Jnana-Yoga, Bhakti-Yoga, Krija-Yoga, Tantra-Yoga und Karma-Yoga. Diese »Pfade« sollten nicht mit einem Phänomen der heutigen Zeit, den Yoga-»Schulen«, verwechselt werden, deren Namen die Methoden einzelner Gurus oder Einrichtungen bezeichnen. Bekannte »Warenzeichen« sind etwa Iyengar-Yoga und Sivananda-Yoga. Um die Verwirrung komplett zu machen, verwenden einige Yoga-Schulen als Namen Sanskrit-Begriffe, die Aspekte traditioneller Yoga-Pfade beschreiben. »Ashtanga«-Yoga etwa entlehnt seinen Namen dem achtgliedrigen »Ashtanga«-Pfad in Patanjalis Yoga-Sutras. Heute verstehen mehr Menschen darunter den schnellen sportlichen Power-Yoga, den als Erster Pattabhi Jois im indischen Mysore und in New York lehrte.

DIE VERSCHIEDENEN YOGA-SCHULEN

KRISHNAMURTI FOUNDATION

VERSCHIEDENE VEDANTA-GESELLSCHAFTEN
Die Erste der Vedanta-Gesellschaften, westliche Zweige des Ramakrishna-Ordens, entstand 1894 in New York.

Swami Vivekananda
1863–1902
Schüler von Ramakrishna, der 1893 als Erster Yoga in das Weltparlament der Religionen brachte

RAMAKRISHNA-ORDEN
Gegründet von Ramakrishna, 1836–1886.

J. Krishnamurti
1894–1986
Einer der großen Bilderstürmer des letzten Jahrhunderts un mächtiger spiritueller Führer.

Swami Prabhavanda
1899 Führer des Ramakrishna-Ordens in Los Angeles.

ASHTANGA-YOGA

Die Theosophische Gesellschaft ist noch weltweit aktiv, vor allem in Indien

Annie Besant
1847–1933
Nach dem Tod Madame Blavatskys Führerin der Theosophischen Gesellschaft.

THEOSOPHISCHE GESELLSCHAFT
Gegründet 1875 von Madame Blavatsky und Henry Olcott. Einflussreiche und weit verbreitete Bewegung mit vielen Ablegern, die während der ersten Hälfte des 20. Jahrhunderts weitgehend für die Verbreitung indischer Philosopie und philosophischer Literatur in der westlichen Welt verantwortlich war.

Pattabhi Jois
geb. 1918
Gründete 1948 das Ashtanga Yoga Institute in Mysore.

ANTHROPOSOPHISCHE GESELLSCHAFT
Gegründet von dem deutschen Philosophen Rudolf Steiner.

10

VINIYOGA

T.K.V. Desikachar
geb. 1938
Krishnamacharyas Sohn; eröffnete 1976 das Krishnamacharya Yoga Mandiram in Madras.

Krishnamacharya
1891–1989
Bemerkenswert für sein Wissen und die Vielfalt der Yoga-Schulen, die seiner Lehre entsprangen

Sri Ramamolan Brahmachari
Krishnamacharyas Guru in Tibet.

B.K.S. Iyengar
geb. 1913
Krishnamacharyas Schwager; gründete 1973 das Ramamani Memorial Institute in Pune.

Indra Devi
geb. 1899
Krishnamacharyas erste westliche Schülerin.

Guru Ram Das
1534–1581
Der vierte Sikh-Guru.

9

KUNDALINI-YOGA

IYENGAR-YOGA
Mit Zentren in aller Welt.

INDRA DEVI FOUNDATION
Sitz in der Schweiz.

Yogi Bhajan
geb. 1929

Lehre, die besagt, dass der Körper nicht Hindernis, sondern Mittel zur Erleuchtung ist. Sie hatte sowohl auf Hinduismus als auch Buddhismus gewaltigen Einfluss und weist eine augenfällige Verbindung zum Hatha-Yoga auf, bei dem die Betonung ebenfalls auf dem Körper liegt.

8

Mary Stewart

Diana Clifton

Silva Mehta

Vanda Scaravelli

7

Gurmukh Kaur Kalsa
Schülerin von Yogi Bhajan und Lehrerin der Stars in Los Angeles.

3HO Foundation
Eingerichtet 1969 von Yogi Bhajan in Kalifornien.

Lihar Po
Tibetischer Lehrer des weißen Tantra

Shankara war ein bedeutender Vertreter der Vedanta und des orthodoxen Brahmaismus. Er formulierte ein nicht-dualistisches Modell von der Realität und initiierte viele Klosterlinien, in denen mehrere moderne Yoga-Schulen ihre Ursprünge haben.

6

WHITE TANTRA

5

Tenzin Warigyal Rinpoche

TRUL-KHOR

TIBETISCHER YOGA
Zu den großen Yogis der buddhistischen Tradition gehören Naropa, berühmter Meister des tantrischen Buddhismus, und Milarepa, der größte Dichter, Mystiker und Hermit in der Religionsgeschichte Tibets.

Milarepa
gest. 1122

Naropa
gest. 1040

4

Eines der beiden großen Epen, das *Mahabharata*, enthält die *Bhagavadgita*.

3

FÜNF RITEN DER VERJÜNGUNG

YANTRA-YOGA

Siegel, die an den Stätten der alten Indus-Kultur ausgegraben wurden, zeigen Menschen in Körperstellungen, bei denen es sich eindeutig um Yoga-Asanas handelt, wie Mula Bandhasana und Baddha Konasana.

2

Die Fünf Tibeter

Chogyal Namkhai Norbu
geb. 1938

1

SIDDHA-YOGA
Geht auf den Kashmir-
Shivaismus des 9. Jahrhunderts
zurück und basiert auf
Aphorismen, die Vasaigupta
von Shiva erzählt wurden.

*Bhagawan
Nityananda*
1896–1961

Swami Muktananda
1908–1982

Swami Chidvilasananda
geb.1955
Auch als Gurumayi bekannt, ist sie das
Oberhaupt des heutigen Siddha Yoga
Meditation Institute.

KRIYA-YOGA

*Mount Madonna
Centre*
Ashram in Kalifornien.

**KRIPALU-
YOGA**
Angeregt von
Swami Pranavananji.

Baba Hari Dass
Nannte seinen Yoga nach Patanjalis achtgliedrigem
Weg »Ashtanga-Yoga«. (Nicht zu verwechseln mit
dem neueren »Ashtanga-Yoga« von Pattabhi Jois.)

**SELF-REALISATION
FELLOWSHIP**

Angeregt von Paramahansa Yogananda.

Swami Pranavananji
Gilt als Inkarnation Shivas.

*Swami
Kripavanji*
1913–1983

Amrit Desai
geb.1932

*Paramahansa
Yogananda*
1893–1952
Bruder von Bishnu Ghosh und
Autor der weltberühmten
Autobiographie eines Yogi.

**RENAISSANCE VON
HINDUISMUS & HATHA-
YOGA AB 1850**

Lahiri Mahasya
1827–1895

Sri Yukteswar
1855–1936

Swami Satchaidananda
geb. 1914
Verband Sivananda mit der Tradition
des Integralen Yoga von Sri
Aurobindo.

INTEGRALER YOGA

**SIKHISMUS
15 JAHRHUNDERT**
Wurde von den Siddha-Yogis
praktiziert, die durch Tantrismus die Suche nach Erleuchtung
mit der Perfektion paranormaler
Fähigkeiten verbanden.

Mira Richard
Schülerin von Sri Auribindo Ghosh.

Sri Auribindo Ghosh
1872–1950
Gründete 1914 den Pondicherry-
Ashram in Indien.

SIVANANDA

**HATHA-YOGA
CA. 900
N. CHR.**
Im 14. Jahrhundert entstanden Texte
über Hatha-Yoga, allen voran die
Hatha Yoga Pradipika. Sie waren
praktisch die ersten Yoga-Handbü-
cher, die die Übung von Asanas,
Pranayama, Bandhas und Reinigung
enthielten.

BIKRAM-YOGA

Bishnu Gosh
1902–1970
Bruder des Pramahansa
Yogananda.

*Swami Vishnu
Devananda*
Kam 1957 nach Montreal.
Gründete auf der ganzen Welt
Sivananda Yoga Vendanta
Center.

**TANTRISMUS
CA. 500–
1000 N. CHR.**

Bikram Choudry
geb.1945

Deepak Chopra
Wurde von Maharishi Mahesh Yogi
ermutigt, den spirituellen Weg zu
gehen, und ist heute selbst ein Guru.

**SHANKARA
CA. 800 N. CHR.**

Swami Vishvananda
aus Sringen Math.

*Swami Sivananada
Saraswati*
1887–1963
Sandte seinen Schüler Vishnu
Devananda in den Westen.

**PATANJALI UND
DIE SUTRA-EPOCHE
CA. 200 N. CHR.**
Yoga und andere indi-
sche Philosophien sind
in klar umgrenzte Sys-
teme und Lehren
unterteilt. Patanjalis
System ist die klassi-
sche Basis für die
Yoga-Praxis.

Swami Brahmananda Saraswati
gest.1993
Zunächst als Ramamurti S. Mishra M.D. bekannt.
Gründete die Yoga Society in New York (1958) und
San Francisco (1973).

Maharishi Mahesh Yogi
geb. 1920
Ließ sich in den USA nieder und
begründete 1957 die Transzendentale
Meditation.

**EPISCHE PERIODE
CA. 600 V. CHR.
–200 N. CHR.**

**TRANSZENDENTALE
MEDITATION**

**HIMALAYAN
INSTITUTE**

**VEDISCHE PERIODE
CA. 2500–600 V. CHR.**
Die heiligen Hymnen prägten
die Entwicklung des Glaubens
und der Philosophie Indiens.

Swami Rama
1925–1996

Baba Dharam Das
gest. 1982

**HOCHKULTUR
IM INDUSTAL
CA. 4000–2000 V. CHR.**

**VORVEDISCHER
ANIMISMUS
VOR 4000 V. CHR.**
Zeit, in der die Menschen
Naturphänomene und
Muttergottheiten anbeteten.

DER YOGA-STAMMBAUM

YOGA-SCHULEN

SIDDHA-YOGA ~ Die Lehren des Siddha-Yoga entspringen der Advaita-Vedanta-Philosopie und den Schriften des Kaschmir-Shivaismus wie auch der *Bhagavadgita*. Der Shivaismus ist eine Linie der philosophischen Tradition der Shivaiten, der auf Aphorismen basiert, welche Vasugupta, einem Weisen des neunten Jahrhunderts, von dem Gott Shiva erzählt worden sein sollen. Siddha bedeutet »der Vollkommene«.

Der Siddha-Yoga wurde von Swami Muktananda in den Westen gebracht. Muktananda war bereits in jungen Jahren ein wandernder Sadhu und wurde eines Tages durch die Begegnung mit Guru Bhagwan Nityananda veranlasst, dessen Weg des Siddha-Yoga zu folgen. Nityananda lebte in fast völliger Abgeschiedenheit im südlichen Indien, und er war es, der in den siebziger Jahren des letzten Jahrhunderts Muktananda in den Westen sandte, um die Selbsterkenntnis durch Siddha-Meditation zu lehren. Swami Muktananda begründete in den USA die SYDA Foundation und im indischen Bundesstaat Maharashtra den »Mutter-Ashram« der Siddha-

Yoga-Bewegung, den Gurudev Siddha Peeth. Nach seinem Tod übernahm seine Schülerin Gurumayi Chidvilasananda die Führung der Siddha-Yoga-Bewegung, und heute bereist sie, wie schon ihr Guru, die ganze Welt, um den Yoga-Pfad der Erleuchtung zu lehren. Sie wohnt im amerikanischen Hauptsitz der SYDA Foundation, dem Shree Muktananda Ashram in den Catskill Mountains im Bundesstaat New York.

Siddha-Yogis halten alle Religionen für gleichwertig – sie glauben, dass die höchste Wahrheit an dem Punkt zu finden sei, an dem alle Unterschiede zwischen den Religionen verschwinden. Sie lehren, dass wir den glückseligen Zustand unserer uns inne wohnenden guten Natur verloren haben und diesen durch die Yoga-Praxis, die uns zu unserer Mitte bringt und erneut mit Gott verbindet, wiedererlangen können.

Der Guru hat die Aufgabe, uns den Weg zurück zu uns selbst zu zeigen, um so vielleicht unser Potential zur Erleuchtung zu wecken. Das Gewicht liegt auf *shaktipat*, »dem spirituellen Erwachen«. Schüler erlernen Chanten und Meditation, studieren die Schriften der Weisen und bieten unter Führung des Gurus selbstlose Dienste an, um zur Selbsterkenntnis zu gelangen. Große Bedeutung misst man auch der Kraft der Mantras bei und dem Wohlbefinden, der Schönheit und der Freude, die Musik bewirken kann.

Heute gibt es neben den beiden Haupt-Ashrams in Indien und im Staat New York weltweit Hunderte Siddha-Yoga-Meditation-Zentren. Erstere sind Orte der Wallfahrt und der spirituellen Einkehr geworden und bieten Intensivkurse in Meditation, Chanten und Hatha-Yoga an.

IYENGAR-YOGA ~ Das BBC-Fernsehen bezeichnete Bellur Krishnamachar Sundararaja Iyengar einmal als den »Michelangelo des Yoga«, seine Schüler nennen ihn heute »Guruji«. Er ist Begründer der Iyengar-Schule des Yoga und lehrt noch heute von Puna im südlichen Indien aus, obwohl er bereits über achtzig ist. Mit sechzehn wurde er Schüler von Sri Krishnamacharya, zwei Jahre später verließ er seinen Lehrer und ging nach Puna, um dort zu lehren. In Pune vervoll-

Yoga lehrt uns zu heilen, was nicht erduldet werden muss, und zu erdulden, was nicht geheilt werden kann.

B. K. S. IYENGAR

LINKS: *Ist es Gurumayis außergewöhnliches Charisma, das ihr ihre vieltausendköpfige Anhängerschaft eingebracht hat? Sie ist sich des Drahtseilaktes bewusst, einerseits Guru und andererseits demütige Schülerin zu sein.*

*B.K.S. Iyengar ist der ein-
flussreichste Yoga-Lehrer in
Großbritannien, wo heute
schätzungsweise fünfhun-
derttausend Menschen
seiner Methode folgen.*

kommnete er sein Wissen, seine Technik und sein Verständnis vom Yoga. Nach einer arrangierten Heirat mit Ramamani, der Schwester Krishnamacharyas, gründete er eine Familie, und auch zwei seiner Kinder lehren heute in seinem Ashram.

Nachdem sich herumgesprochen hatte, dass Iyengar ein großartiger Lehrer war, kamen bekannte Persönlichkeiten wie Krishnamurti und Jayaprakash Narayan zu ihm. Seine Begegnung mit dem großen Geiger Yehudi Menuhin in den fünfziger Jahren des letzten Jahrhunderts führte zu einer lebenslangen Freundschaft und bewirkte Menuhins beinahe fanatische Hingabe an Yoga. Menuhin holte Iyengar in den Westen, wo er Yoga lehrte und andere in seinen Methoden ausbildete. 1975 schließlich eröffnete er für die wachsende Zahl von Menschen aus dem Westen, die mit ihm arbeiten wollten, das heutige Ramamani Iyengar Memorial Yoga Institute. Mittlerweile ist Iyengar zweiundachtzig und zieht immer noch Schüler an. Die Gruppen in Pune bestehen aus bis zu hundert Personen, und für Schüler aus dem Ausland gibt eine dreijährige Wartezeit.

Den größten Einfluss übte Iyengar vielleicht durch sein Buch *Licht auf Yoga* aus, das 1966 erschien und zu einem klassischen Nachschlagewerk wurde. Es inspirierte und bereicherte das Leben von Yoga-Schülern in aller Welt und wird noch heute in achtzehn Sprachen gedruckt. Inzwischen gibt es weltweit mehr als zweihundert Zentren für Iyangar-Yoga, wo man diesen Yoga nach dem vitalen, analytischen Ansatz seines Begründers lehrt, wobei man (vor allem in Pune) den Schwerpunkt auf Yoga als Therapie für Krankheiten und andere körperliche Leiden legt, und Iyengars phänomenales Verständnis vom Körper und seinen Selbstheilungkräften unter Beweis stellt.

TRANSZENDENTALE MEDITATION

(TM) ~ Der Maharishi Mahesh Yogi studierte bei seinem Guru Swami Brahmananda Saravati dreizehn Jahre die Wissenschaft vom Bewusstsein. Dann zog er sich für zwei Jahre zum Schweigen in den Himalaya zurück, ehe er die Bewegung der Transzendentalen Meditation begründete, die eine Technik lehrt, welche heute Millionen von Menschen auf der ganzen Welt praktizieren. Sie wird als die einfachste und wirkungsvollste Methode zum Erreichen tiefer Entspannung, inneren Glücks und Erfüllung angepriesen. Tatsächlich ist die Technik wissenschaftlich untersucht worden und Studien belegen, dass diese Meditationspraxis Gesundheit und geistige Leistung verbessern und sogar die Verbrechensrate senken kann. Mehrere kontrollierte Studien haben gezeigt, dass innerhalb einer Gemeinschaft Gewalt, Kriminalität, Unfallrate und Krankheit verringert werden können, wenn ein Prozent der Bevölkerung TM oder das fortgeschrittene TM-Sidhi-Programm praktiziert. Die Neurowissenschaft legt zudem den Schluss nahe, dass Meditierende, die mehr als fünf Jahre TM praktiziert haben, hinsichtlich Blutdruck, Sehkraft und Hörvermögen im Durchschnitt zwölf Jahre unter ihrem tatsächlichen Alter liegen.

Die Förderung des Verständnisses für die ayurvedische Medizin, die traditionelle indische Heilweise, und ihre Anwendung kann dem Maharishi ebenfalls als Verdienst angerechnet werden. War Ayurveda noch vor einem halben Jahrhundert im Westen praktisch unbekannt, gilt er heute als fester Bestandteil der alternativen Medizin. Dennoch haben seine Geschäftstüchtigkeit und seine gelungene Selbstvermarktung dem Maharishi viel Kritik eingetragen. Bekannt ist er nicht zuletzt dadurch geworden, dass er die Beatles in seinen Bann schlug und durch eine Begegnung buchstäblich ihr Leben transformierte. Seine mächtige TM-Bewegung wirbt an Universitäten auf der ganzen Welt um junge Studenten und verlangt mit dem Versprechen auf bessere Examensergebnisse nicht unbeträchtliche Summen für die Einweihung in die Techniken der TM. Zudem hat Maharishi Yogi sein Interesse an Ayurveda durch die Absegnung und Vermarktung einer Vielzahl ayurvedischer Heilmittel zu einem großen Geschäft gemacht.

Im Jahr 1988 entwarf er einen Masterplan, um »für die Neugestaltung der gesamten inneren und äußeren Welt den Himmel auf Erden zu schaffen«. Er hatte die Idee, eine riesige Gruppe von vielen tausend fortgeschrittenen

Meditierenden zu versammeln, deren gemeinsamer Einfluss auf das kollektive Bewusstsein des Planeten Spannungen neutralisieren und den Weltfrieden fördern sollte.

Ansonsten lernen Anhänger der TM auf die herkömmliche Weise zu meditieren, wie sie spätestens seit Patanjali gelehrt wird, wobei sie in einem örtlichen TM-Zentrum ein geheimes Mantra erhalten. »Transzendentale Meditation«, sagt der Maharishi, »ist weder ein Glaubenssystem, noch eine Philosophie, ein Lebensstil oder eine Religion, es ist eine Erfahrung, eine mentale Technik, die man täglich fünfzehn bis zwanzig Minuten praktiziert«. Wie die meisten Meditationstechniken betont die TM die Wichtigkeit, einen Zustand der inneren Ruhe zu erreichen, bei dem es sich weder um den aktiven Wachzustand handelt noch um einen der beiden Schlafzustände, zu denen Träumen und Vergessen gehören. Wird dieser vierte Bewusstseinszustand erreicht, ist der Geist überaus wachsam, schöpferisch und klar. Die Verbindung der durch TM hervorgerufenen tiefen Entspannung mit dieser Klarheit des Geistes führt zu besserer körperlicher und geistiger Leistungsfähigkeit und Gesundheit.

VINIYOGA ~ Als Krishnamacharya, der Vater von T. K. V. Desikachar, zu Beginn der dreißiger Jahre des letzten Jahrhunderts seine Yoga-Schule im indischen Mysore eröffnete, brach er damit alle möglichen gesellschaftlichen Tabus. Als Nachkomme einer Familie, deren Wurzeln bis auf Nathamuni zurückgingen (einen berühmten Weisen des neunten Jahrhunderts und ersten Lehrer in der Linie der Vaishnaiten-Gurus, welche im Gegensatz zu den Shivaiten, die Shiva anbeten, den Gott Vishnu verehren), besuchte er die Brahmatantra Parakala Mutt, eine der angesehensten Brahmanen-Schulen, und studierte von seinem zwölften Lebensjahr an die vedischen Schriften.

1916 ging Krishnamacharya in den Himalaya, wo er seinem Lehrer Sri Ramamohan Brahmachari begegnete, einem weisen Yogi, der in Tibet lebte. Von ihm lernte er alles über Ayurveda und Yoga. Als er nach sieben Jahren seinen Lehrer fragte, wie er für seine Lehrjahre bezah-

len könne, erhielt er zur Antwort, dass er in die Welt zurückkehren, eine Familie gründen und Yoga lehren solle. Ein solcher Weg galt als unwürdig für einen gebildeten Brahmanen, doch ungeachtet großer Armut und des Unverständnisses anderer Gelehrter erfüllte Krishamacharya den Auftrag seines Lehrers. So wurde er zu einem der Väter des modernen Yoga und Lehrer von B.K.S. Iyengar, Pattabhi Jois, Indra Devi wie auch seines Sohnes T. K. V. Desikachar.

Noch sechs Wochen vor seinem Tod im Alter von einhunderteins Jahren lehrte und heilte Krishnamacharya. Sein Sohn Desikachar gründete 1976 das Krishnamacharya Yoga Mandiram, das sowohl Ausbildungszentrum für Lehrer als auch eine Institution ist, in der Kranke durch Yoga behandelt werden. Krishnamacharyas Yoga-Schule wird als Viniyoga bezeichnet und sie legt großes Gewicht auf die Unterrichtung des Einzelnen, da sie davon ausgeht, dass die Yoga-Lehre auf eine Person zugeschnitten sein muss und der Yoga-Pfad daher für verschiedene Menschen verschiedene Dinge bedeutet: »Für den einen kann Yoga bedeuten, wieder gesund zu werden, für einen anderen kann er bedeuten, Hilfe bei der Vorbereitung auf den Tod zu finden. Für ein Kind ist viel körperliche Betätigung interessant und wichtig – doch weshalb sollte ich einem Achtzigjährigen beibringen, einen Kopfstand zu machen oder im Lotus zu sitzen?« sagte Krishnamacharya einmal.

VANDA SCARAVELLI ~ Vanda Scaravelli befand sich in der priviligierten Lage, bei vielen Yoga-Gurus in die Lehre gehen zu können. Sie war eine enge Freundin Krishnamurtis und Schülerin Iyengars. Später begegnete sie Desikachar und vielen anderen Größen der Yoga-Welt in Kanada, England, Italien und der Schweiz und arbeitete mit ihnen. Schließlich fand sie ihre eigene Yoga-Technik, die weit größeres Gewicht auf die Atmung und den »Gesang des Körpers« legt als die meisten anderen Systeme. Ihre Freundin und Mitstreiterin, die von Iyengar ausgebildete Mary Stewart, arbeitete mit ihr an der Entwicklung dieses Systems und daraus

»Es kommt bei den Übungen weniger auf die perfekte Ausführung als auf unsere innere Einstellung an.« Über diese Einstellung diskutieren hier Vanda Scaravelli und Mary Stewart mit all der Lebendigkeit und Klugheit, die beide in ihre Lehre eingebracht haben.

entstand ein sanfterer, fließenderer Yoga, bei dem es um echte – sowohl körperliche als auch geistige – Erdung geht und die Freisetzung der dadurch entstehenden Energie. Scaravellis Buch *Awakening the Spine* wurde Pflichtlektüre, doch hat sie sich stets hartnäckig geweigert, einer Yoga-Schule ihren Namen zu geben. Dennoch setzen viele der zweiten und dritten Generation, die von ihr beeinflusst wurden, die Art des Yoga, den sie praktizieren und lehren, mit ihrem Namen gleich, und seit Scaravellis Tod im Jahr 1999 gibt es kaum eine Möglichkeit, dagegen einzuschreiten.

SIVANANDA-YOGA ~ Swami Sivananda Saraswati (1887–1963) wurde in Tamil Nadu im südlichen Indien geboren. In Malaysia erwarb er den Doktortitel der Medizin, doch 1923 folgte er dem Ruf Gottes, entsagte der Welt und ließ sein altes Leben hinter sich, um sieben Jahre im Himalaya zu meditieren. 1936 gründete er The Divine Life Society, zwölf Jahre später den Sivananda Ashram und die Yoga Vedanta Forest Academy. 1957 entsandte er seinen Schüler Swami Vishnu Devananda mit den Worten in den Westen: »Viele Seelen im Osten werden im Westen wiedergeboren. Gehe und erwecke ihr Bewusstsein wieder und bringe sie auf den Pfad des Yoga zurück.«

Swami Vishnu Devananda reiste daraufhin durch Nordamerika, lehrte Yoga und beobachtete die westliche Lebensweise. 1961 richtete er in Montreal den ersten Hauptsitz des Sivananda Centre ein, 1962 in Val Morin in Quebec das erste Yoga-Camp. Heute gibt es Ashrams im südindischen Kerala, in Amerika, Kanada, auf den Bahamas und im Himalaya wie auch Zentren in Großbritannien, auf dem europäischen Kontinent, in Israel und in Uruguay.

Sivananda-Yoga beruht auf dem »Gurukula-System« (*guru* bedeutet Lehrer und *kula* Heim). Früher kamen die Schüler im Alter von acht in den Ashram und blieben zwölf Jahre dort. Während dieser Zeit studierten sie Philosophie und erlernten Asanas, Pranayama und Karma-Yoga. Heute basieren die Yoga-Kurse auf diesem Modell: Während eines vierwöchigen Intensiv-Programms lebt, studiert und arbeitet man mit

Ein Gramm Praxis ist mehr wert als zehn Tonnen Theorie.
SWAMI VISHNU DEVANANDA

LINKS: *Swami Sivananda, Begründer der Sivananda-Schule des Yoga.*

Lehrern und anderen Studenten im Ashram, wobei man eine Uniform trägt. Die Kost ist vegetarisch und das Leben ganz Körperübungen, richtiger Atmung, Entspannung, positivem Denken und Meditation gewidmet. Es entspricht in starkem Maße den Regeln der klassischen Vedanta-Lehre und würde sehr hart anmuten, wäre da nicht die Tatsache, dass man nach einer nur vierwöchigen Ausbildung Sivananda-Yoga-Lehrer werden kann.

Im Gegensatz zu einigen anderen Yoga-Arten umfasst das Sivananda-System ein Programm aus zwölf Grund-Asanas und dem Sonnengruß, das mit dem Kopfstand beginnt. Die Übungsfolge beinhaltet alle für Gesundheit und Wohlbefinden notwendigen Bewegungen, die jedoch für den durchschnittlichen ungeschulten westlichen Körper harte Arbeit bedeuten. Die meisten Grundkurse beginnen mit dem Öffnen der Chakras. Interessanterweise wird die Übung anspruchsvoller Asanas zunehmend Teil des modernen Yoga-Ansatzes im Westen, was weitgehend auf den Einfluss von Sivananda zurückzuführen ist.

BIKRAM-YOGA ~ Bikram Choudhry wurde 1945 geboren. Sein Lehrer war Bishnu Ghosh, der Bruder von Paramahansa Yogananda, der die *Autobiographie eines Yogi* schrieb. Im Alter von zwölf wurde Choudhry nationaler Yoga-Champion Indiens. Mit zwanzig sagte man ihm nach einem Unfall beim Gewichtheben, dass er nie wieder werde laufen können. Daraufhin entwickelte er eine eigene Folge von Yoga-Übungen, durch die er wieder gesund wurde und die er nun andere lehrt. Insbesondere unterscheidet sich dieser Yoga von anderen Systemen dadurch, dass die Haltungen körperlich sehr anstrengend sind und in beheizten Räumen trainiert werden, wodurch eine intensive Muskel-, Sehnen- und Bänderarbeit möglich ist. Die Wärme fördert zudem starkes Schwitzen, sodass Stoffwechsel-schlacken aus dem Körper transportiert werden. Eine Zeit lang lebte Choudhry in London, wo er am Yoga College of India unterrichtete, doch in den Achtzigern entschied er sich für ein schillerndes Leben in Beverly Hills. In den letzten Jahren hat er drei Zentren in New York City eröffnet, die zahlreiche Tänzer, Schauspieler und andere, die mit ihrem Körper arbeiten, anziehen sollen.

KUNDALINI-YOGA ~ Sri Singh Sahib Bhai Sahib Harbhajan Singh Khalsa Yogiji, auch als Yogi Bhajan bekannt, gründete 1969 die »3HO«, die Healthy Happy Holy Foundation. Sein Yoga wird auch »Yoga des Bewusstseins« genannt, gewöhnlich aber bezeichnet man ihn als Kundalini-Yoga, wiewohl er sich nicht speziell mit der »Erweckung« der Kundalini beschäftigt, sondern vielmehr den Praktizierenden Hilfe verspricht, ihre Potentiale optimal zu nutzen. Heute ist die 3HO eine Trainingsorganisation mit Zentren auf der ganzen Welt.

Yogi Bhajan wurde als Sohn eines Sikh-Arztes im jetzigen Pakistan geboren und beherrschte im Alter von sechzehn Jahren den Kundalini-Yoga. Als Indien 1947 geteilt wurde, führte er tausend Menschen aus seinem Dorf in das sichere Neu-Delhi. Während seiner Jugend lernte er bei vielen Lehrern, unter ihnen sein Großvater und der »Mahan Tantric« (Meister des weißen Tantra-Yoga) Sant Hazara Singh. Yogi Bhajan ist verheiratet und hat drei Kinder. Ehe er nach Amerika zog, war er Offizier in der indischen Armee und arbeitete achtzehn Jahre für die indische Regierung.

Viele seiner Anhänger sind Sikhs geworden. (Gründer der Sikh-Religion war Guru Nanak, der 1539 starb. Seine Anhänger wurden Sishyas oder Sikhs genannt, was übersetzt »Schüler« bedeutet.) Yogi Bhajan nennt seinen Kundalini-Yoga einen »kreativen Katalysator«, eine Methode, die das Beste aus den Menschen holt. Kundalini-Lehrer geben Kurse, in denen bekannte Asanas geübt werden, die im klassischen indischen Yoga wurzeln, jedoch einen unübersehbar westlichen Einschlag haben. Die Körperhaltungen dienen, ganz ähnlich wie in anderen Schulen, dazu, die Funktion der Organe anzuregen, körperliche Gesundheit und emotionale Ausgeglichenheit herbeizuführen und auf Erleuchtung hinzuarbeiten, doch wurden sie speziell für ein amerikanisches Publikum entwickelt, wenngleich es heute mehr als dreihundert Zentren in fünfunddreißig Ländern gibt, die diese Methode lehren. Eine der bekanntesten Kundalini-Lehrerinnen neben Yogi Bhajan ist Gurmukh, die ein eigenes Buch geschrieben hat und in Los Angeles eine prominente Klientel hat.

ASHTANGA-YOGA ~ Dieser Yoga ist nach der Yoga-Praxis benannt, die von dem Weisen Patanjali festgelegt wurde, der in seinen Yoga-Sutras vom Ashtanga-Pfad (*ashta* bedeutet »acht« und *anga* »Glied«) spricht. Obwohl die meisten Yoga-Schulen Patanjalis »achtgliedrigen Weg« als Grundlage nehmen, gibt es heute auch eine Yoga-Schule, die als Ashtanga-Yoga bezeichnet wird und einen sehr speziellen Schwerpunkt hat. Der bekannteste Vertreter des Ashtanga-Yoga ist Pattabhi Jois, ein einstiger Schüler Krishnamacharyas. Jois gründete 1948 im indischen Mysore das Ashtanga Yoga Institute, wo er eine Abfolge von Übungen, »basierend auf Reinigungspraktiken, die in alten Schriften beschrieben wurden«, entwickelte. Es handelt sich dabei um eine dynamische, sportliche Form des Yoga, die im Westen sehr populär geworden ist, vermutlich, weil sie der dortigen Fitness-Kultur am meisten entspricht. Sie legt großes Gewicht auf energetisierende Übungen, die für den Anfänger und den steifen westlichen Körper eine Herausforderung darstellen. Schüler wechseln die Stellungen in einem aerobic-ähnlichen Tempo, das anderen Yoga-Systemen fehlt. Viele wenden sich dem Ashtanga-Yoga als Alternative zum Sportstudio zu und stellen dann überrascht fest, dass der Yoga ihr tägliches Leben viel weitreichender beeinflusst als das Studiotraining. Bei einigen wird dadurch auch das Interesse an den ruhigeren, meditativeren Aspekten des Yoga geweckt.

Der Ashtanga-Yoga, den Baba Hari Dass in Kalifornien lehrt, ist eine weitaus klassischere Form und entspricht mehr dem Yoga, den man in den sechziger und siebziger Jahren praktizierte.

»HATHA FUSION« ~ Eine bedeutende Entwicklung der neuen Yoga-Welle in Europa und den USA ist die Eröffnung von Yoga-Zentren, die mehrere Yoga-Arten anbieten. Die neue Generation der Yoga-Lehrer bezieht ihre Einflüsse immer häufiger aus verschiedenen

Ein Übungsraum im Jiva
Mukti Center in New York,
wo von Pattabhi Jois ausgebildete Lehrer seine dynamische Methode an steife
Bewohner Manhattans,
Filmstars und Models
weitergeben. Das Center hat
ein Yoga-Video mit dem
Schauspieler Willem Dafoe
produziert, der damit in die
Fußstapfen anderer Promi-
nenter wie Jerry Hall,
Ali McGraw und Woody
Harrelson getreten ist.

Quellen und kombiniert Ideen und Techniken
nach eigenem Gutdünken, wodurch es zunehmend schwieriger wird, die »Schule« zu erkennen, der sie entspringen. Dies ist eine gesunde
Entwicklung, da Lehrer nun mal nicht Klone
ihrer Gurus sein können und jeder ohnehin

eigene Elemente in seinen Unterricht einbringt.
Bedingt durch die heutige Sucht nach Etiketten
nennen manche Leute dies »Hatha Fusion«,
was aber nichts anderes bedeutet, als dass sich
die Lehre von Generation zu Generation
weiterentwickelt.

Das Tao des nährenden Lebens macht es erforderlich, sich möglichst beweglich und geschmeidig zu halten. Man sollte weder zu lange ruhen, noch sollte man sich erschöpfen, indem man Unmögliches zu vollbringen versucht. Man sollte das Üben von der Natur lernen, indem man die Tatsache beobachtet, dass fließendes Wasser niemals still steht und eine sich häufig öffnende Tür mit emsigen Scharnieren niemals rostet oder fault. Weshalb? Weil sie sich beständig üben und fast immer in Bewegung sind.

SUN SSU-MO (SU SIMIAO), ARZT ZUR ZEIT DER TANG-DYNASTIE

IM MARKETING-VOKABULAR des einundzwanzigsten Jahrhunderts könnte Yoga zweifellos als ultimatives Mittel für Schönheit und Gesundheit bezeichnet werden. Heute genießt er häufig die Billigung der Schulmedizin, da er auf verschiedensten Gebieten seine positiven Wirkungen unter Beweis gestellt hat. Doch unabhängig von dem widerwilligen Segen der medizinischen Profession (der lange auf sich warten ließ) weiß man heute mehr über das unglaubliche Potential des Körpers, sich durch Yoga selbst zu regenerieren. Der Körper ist ein Wunderwerk biologischer Selbstregulierung und in der Lage, Wunden und Knochen zu heilen, Infektionen zu bekämpfen, erschöpfte Energie zu erneuern und Viren aller Art abzuwehren. Dennoch ignoriert man im Westen immer noch viel zu oft dieses Vermögen zu vitaler Gesundheit und zieht ein Leben mit wenig körperlicher Betätigung oder schlechter Ernährung vor. Wenn ein Problem auftritt, greift man lieber zu Tabletten und anderen Medikamenten, von denen man sich sofortige Heilung verspricht.

Die unmittelbarste Wirkung, die das Üben von Yoga-Asanas auf den Körper hat, ist eine Verbesserung der Biegsamkeit und Beweglichkeit von Wirbelsäule und Gelenken. Viele Menschen beginnen aufgrund einer Verletzung oder ihrer Unbeweglichkeit mit Yoga, da er nur wenig anstrengt, den Körper aber rundum dehnt und den Muskeltonus verbessert. Traditionell wurde Yoga fast ausschließlich von Männern praktiziert, doch als er in den Westen kam, wandten sich ihm hauptsächlich Frauen zu, da er Männern etwas weibisch, fast esoterisch erschien. Dies hat sich im Laufe des letzten Jahrzehnts geändert, nachdem Hardcore-Gymnastik und ein übermenschlicher Wettbewerbsstandard auf den Sportplätzen nicht selten dauerhafte körperliche Schäden hervorgerufen haben. Viele Sportler würden wohl nicht zugeben, dass sie regelrechten Yoga betreiben, aber es gibt nur wenige, die nicht im Zuge ihres täglichen Trainingprogramms auf Yoga basierende Übungen machen.

YOGA ALS THERAPIE

Am anderen Ende des Spektrums hat sich das sanfte, bedächtige Strecken und Beugen des Körpers im Yoga in Hinblick auf die heutige Lebensweise, die übermäßiges Sitzen und Autofahren mit sich bringt, als absolut ungefährliche Form der Leibesübung erwiesen.

Zudem verbessert Yoga durch die positive Wirkung der Asanas auf die Durchblutung die Gesundheit ganz allgemein. Die Beugungen und Drehungen des Körpers und die kontrollierte Atmung lassen das Blut auch in Körperteilen gut zirkulieren, die sonst vielleicht unterversorgt sind. Dadurch wird wiederum der Sauerstoff besser im Organismus verteilt und die Ausscheidung von Stoffwechselschlacken unterstützt. Menschen, die regelmäßig Yoga betreiben, besitzen ein stärkeres Immunsystem, leiden selten unter chronischen Erkrankungen wie Erkältungen, Ohreninfektionen und dergleichen Problemen, haben eine schönere Haut und mehr Energie. Gewöhnlich sind sie allein davon begeistert, doch es geht noch weiter. Durch spezielle Übungen wird die Funktion der inneren Organe verbessert. Die Drehungen des Unterleibs etwa massieren, während sich die Wirbelsäule spiralförmig bewegt, Leber und Nieren, und im Schulterstand wird sanfter Druck auf Schultern und Nacken ausgeübt, was die Schilddrüse anregt. Durch das umsichtige und disziplinierte Üben solcher Haltungen können die Folgen schweren Essens und eines stressreichen Arbeitslebens aufgefangen werden, ganz ohne Medikamente und Drogen.

Darüber hinaus haben Asanas und Pranayama eine enorme, wiewohl subtile Wirkung auf das Nervensystem, insbesondere durch die behutsame Streckung und Stimulation der Wirbelsäule, die in beinahe jeder Haltung erfolgt. Inzwischen ist auch nachgewiesen, dass Tiefenatmung und Meditation Puls und Blutdruck senken und Stress lindern.

In einigen Fällen können Atmung und Asanas eine unmittelbare Wirkung haben. Es kommt nicht selten vor, dass Menschen mitten im Yoga-Unterricht in Tränen ausbrechen, weil sich irgendeine tief sitzende Anspannung in ihrem Körper gelöst hat. Doch das ist nicht die Regel. Normalerweise wirkt Yoga durch langsame, sanfte und hingebungsvolle tägliche Übung. Es braucht Zeit, um alte Muskelverspannungen und -deformationen, eine schlechte Haltung und die Neigung zu einer stressreichen, nervösen Lebenweise zu beseitigen, und es braucht Zeit, sich vollkommen von Süchten und schlechten Gewohnheiten körperlicher wie geistiger Art zu befreien. Deshalb war Yoga nie ein schneller Weg zu schlanken Schenkeln, Kraft und Ausgeglichenheit, obwohl sich all dies letztlich einstellt.

RECHTS: *Vorbereitung auf Virabhadrasana, die Krieger-Haltung. Sie ist nach Virabhadra benannt, einem starken Kriegshelden, der von Shiva, dem höchsten Gott, geschaffen wurde. Die Haltung erfordert Kraft und Gleichgewichtssinn.*

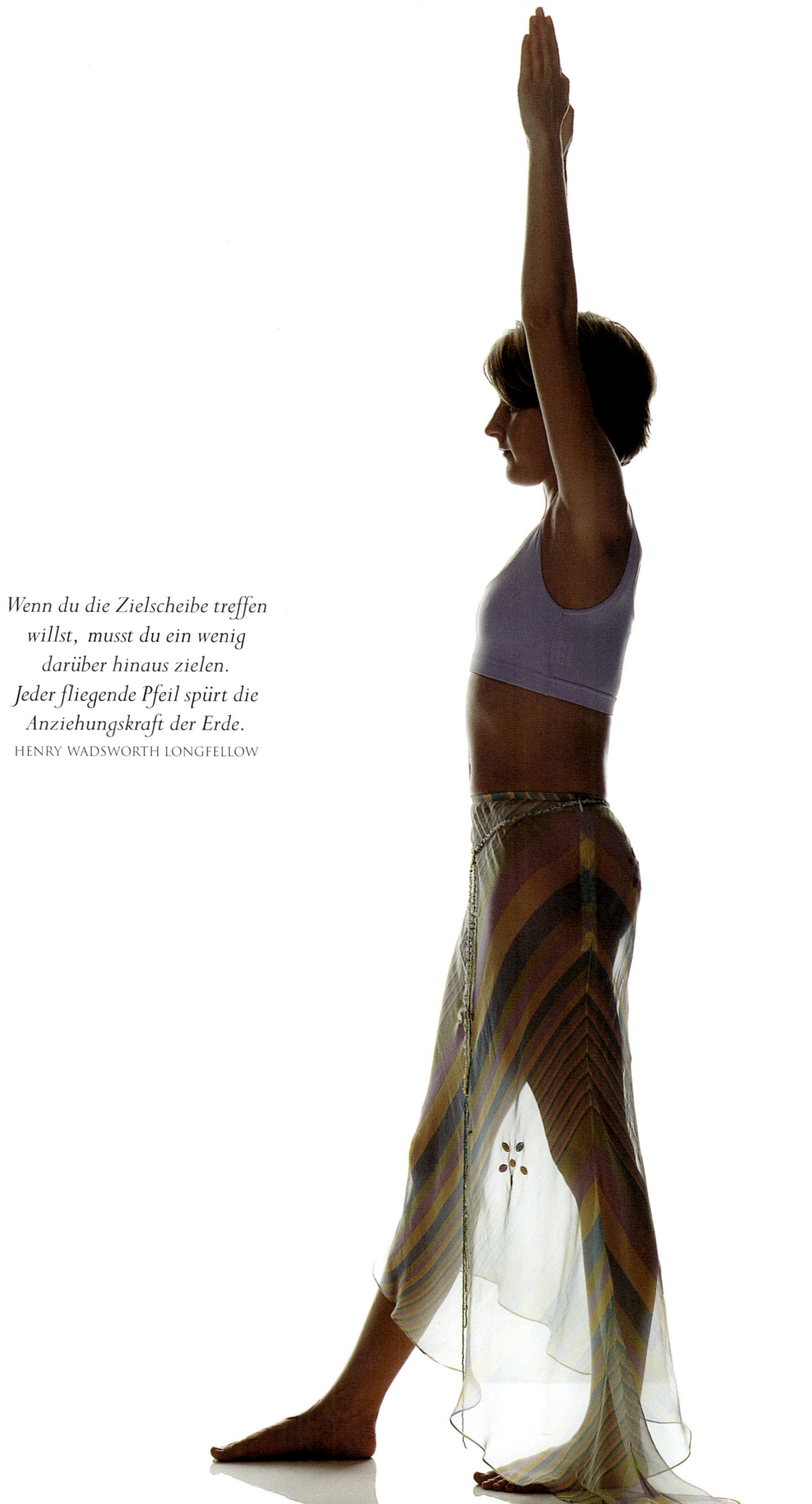

*Wenn du die Zielscheibe treffen
willst, musst du ein wenig
darüber hinaus zielen.
Jeder fliegende Pfeil spürt die
Anziehungskraft der Erde.*
HENRY WADSWORTH LONGFELLOW

GESUNDE ERNÄHRUNG

Die Yoga-Praxis weckt nebenbei auch den instinktiven Wunsch, das Gute, das man seinem Körper tut, durch eine bessere Ernährung zu ergänzen. Beinahe unbewusst beginnen Menschen, die eine Zeit lang Yoga betrieben haben, ihre Ernährungsweise zu ändern und Dinge zu essen, von denen heute jeder weiß, dass sie gesund sind, wie reichlich rohes oder leicht gedämpftes Gemüse, Obst und Getreide, Hülsenfrüchte, Nüsse, Saaten und kleinere Mengen Milchprodukte und Fleisch, ohne Konservierungsstoffe und künstliche Aromen. Es gibt alle möglichen Theorien, was Yogis essen sollten und was nicht. Gefragt ist jedoch gesunder Menschenverstand. In einem Land wie Indien ist eine vegetarische Ernährung, auf der auch die gesamte ayurvedische Heilweise basiert, ideal. Doch wenn man nicht in der Kultur oder dem Klima des Ostens lebt, müssen andere Dinge berücksichtigt werden. In kälteren Klimalagen und vor allem für Menschen mit niedrigem Blutdruck ist eine vegetarische Kost möglicherweise nicht völlig geeignet. Und die Yoga-Anhänger der Toskana-Fraktion werden sich vermutlich glücklich schätzen, dass sich die Experten zur Zeit noch unschlüssig sind, ob das eine oder andere Gläschen Wein schadet oder nicht vielmehr gesund ist.

Die Wissenschaft vom Yoga besagt, dass der Geist durch die Qualität der Nahrung, die wir zu uns nehmen, geformt wird. Und basierend auf dem Gleichgewicht zwischen den drei Eigenschaften aller Materie – den *gunas*, die da sind: *tamas* = Trägheit, Unwissenheit, *rajas* = Beweglichkeit oder Aktivität und *sattwa* = Reinheit – sollte der Yogi eine Ernährung auf Grundlage sattwiger Nahrungsmittel einhalten. Aber wir dürfen nicht vergessen, dass diese drei Gunas in der yogischen Kosmologie das Universum bilden und in einem harmonischen Verhältnis stehen müssen, wenn sowohl das Makro-Universum des Kosmos als auch das Mikro-Universum unseres Körpers richtig funktionieren soll.

Die Richtlinien für eine gesunde Ernährung sind schon in der *Bhagavadgita* niedergelegt, die folgende Unterteilung vornimmt: Sattwa-Speisen sind frisch und unverfälscht. Sie bestehen aus Getreide und ungeschältem Reis, Nüssen und Saaten, die Protein liefern, und sowohl frischen als auch getrockneten Früchten. Diese Nahrungsmittel mehren Leben, Reinheit, Kraft, Gesundheit, Freude und Gelassenheit.

Rajas-Nahrungsmittel sind scharf, sauer, salzig, trocken, allzu heiß, streng und brennender Art. Zu dieser Kategorie gehören beispielsweise auch Tee, Kaffee, koffeinhaltige Getränke, salzige Snacks, Fertiggerichte voller chemischer Inhaltsstoffe, Tabak und Stimulanzien aller Art. Wie es heißt, regen sie den Geist zu sehr an und reizen die Darmschleimhaut.

Tamas-Nahrungsmittel sind alt, abgestanden oder schon verdorben. Zu ihnen zählen alle Arten von Fleisch, Alkohol und andere vergorene Nahrungsmittel, Betäubungsmittel wie etwa Haschisch oder Opium und frittierte oder aufgewärmte Speisen. Tamas-Nahrung macht den Menschen faul und stumpfsinnig und fördert die Anfälligkeit für chronische Krankheiten.

Ärzte bestätigen heute, dass eine schlechte Ernährung das Immunsystem schwächen und eine gute Ernährung einen wichtigen Beitrag zur Behandlung zahlreicher Krankheiten leisten kann. Yoga geht Hand in Hand mit einer besseren Ernährung und beide zusammen können helfen, negative Gewohnheiten und Verhaltensmuster abzulegen. Den Belastungen der heutigen Lebensweise kann durch spezielle Körperhaltungen entgegengewirkt werden, und in vielen Fällen haben die großen Yoga-Lehrer Programme zur Heilung diverser Krankheiten entwickelt, die Posen und Atmung mit strenger Diät verbinden. Desikachar eröffnete sein Krishnamacharya Yoga Mandiram, um Kranke durch Yoga zu heilen, und große Teile von B. K. S. Iyengars Lehre basieren auf den therapeutischen Eigenschaften des Yoga, wiewohl der Maharishi Mahesh Yogi sich auf Atmung, Meditation und ayurvedische Ernährung konzentriert. Sie alle haben Bücher mit ausführlichen Kapiteln darüber geschrieben, welche Maßnahmen sie zur Behandlung bestimmter Probleme empfehlen.

Der wahre Yogi weiß, dass man ist, was man isst. Niemals ist er seinem Körper oder seiner Ernährung gegenüber gleichgültig und stets nimmt er maßvoll frischeste Sattwa-Kost zu sich.

Ich selbst habe über die Jahre beobachtet, wie steife, schwer gichtkranke Menschen durch Yoga eine Beweglichkeit erreichten, die sie sich niemals erträumt hätten. In einem Fall übte eine Frau, der man einen Gehirntumor entfernt hatte, den Prognosen ihrer Ärzte zum Trotz langsam und unbeirrbar, bis sie alle möglichen fortgeschrittenen Yoga-Haltungen beherrschte und wieder Mobilität, Gesundheit und Lebensqualität erlangt hatte.

HEILENDE ASANAS

Suchen Sie stets einen Arzt auf, ehe Sie mit Yoga beginnen. Lassen Sie sich von einem Fachmann beraten und überlegen Sie sorgfältig, was Sie tun. Ihr Körper ist einzigartig und wird nicht auf die gleiche Weise reagieren wie ein anderer Körper. Noch wichtiger: Es ist der einzige Körper, den Sie besitzen, passen Sie also auf ihn auf. Erwarten Sie keine Wunder, und üben Sie nicht auf Kosten eines ausgewogenen Programms eine einzelne Haltung, die klappt, sonst werden an einer anderen Stelle Ihres Körpers Probleme auftreten.

Nicht alle der unten aufgeführten Stellungen sind in diesem Buch gezeigt, da es kein Handbuch sein will. Schlagen Sie Haltungen, die Sie hier nicht finden, in einem guten Yoga-Handbuch nach.

ABHÄNGIGKEIT ~ Dieses Problem kann man nicht allein lösen. Suchen Sie Hilfe bei einem guten, geduldigen Lehrer und den Anonymen Alkoholikern oder einer Selbsthilfegruppe für Suchtkranke. Konzentrieren Sie sich auf Steh-übungen (ausgenommen Haltungen, bei denen Sie auf einem Bein balancieren müssen), Kopfstand und Schulterstand. Verzichten Sie auf Rückwärts-beugen und intensive Atemübungen.

AUGEN ~ Wenn man starr auf Computer- und Fernsehbildschirme blickt, sind die Augen ständiger Belastung ausgesetzt. Nichts hilft da besser, als sich zur Entspannung mit einer Kompresse oder einem Reiskissen auf den Augen hinzulegen. Der sanfte, gleichmäßige Druck löst die Anspannung der Stirn und sorgt dafür, dass die Augen geschlossen bleiben und vollkommen vor Licht geschützt sind. Ungemein hilfreich ist auch Sanmukhi Mu-dra. Sie nehmen den Lotussitz ein und schließen die Augen. Dann legen Sie Ihre Hände sanft auf das Gesicht, wobei sich die Daumen in den Ohren befinden, die Zeigefinger auf den Augenbrauen, die Mittelfinger direkt unter den Augen, die Ringfinger in den Grübchen der Nasenflügel und die kleinen Finger an den Mundwinkeln. Atmen Sie aus, während der Druck der Finger Ihr Gesicht sanft dehnt. Falls Ihre Augen stark überanstrengt sind, sollten Sie vielleicht auf den Kopfstand und andere Umkehrhaltungen verzichten.

DEPRESSION ~ Nehmen Sie zunächst eine gerade Sitzhaltung ein und lassen Sie die Schultern hängen. Alle Stehübungen geben Kraft und Ener-gie. Auch Sonnengruß, Kopfstand und Rücken-beugen sind hilfreich. Als Atmung empfehlen sich Simhasana-, Kapalabhati-, Kumbaka- und Bramari-Pranayama.

HÜFTEN ~ Steife Hüften können Rückenbe-schwerden verursachen. Probieren Sie es in die-sem Fall mit dem Schuster. Bleiben Sie eine Weile in dieser Haltung sitzen. Lehnen Sie sich nötigen-falls gegen eine Wand. Kniende Haltungen wie Vairasana und Umkehrhaltungen, bei denen die Hüften trainiert werden, ohne dass Gewicht auf ihnen lastet, können vor allem bei Arthrose hilf-reich sein.

KNIE ~ Umkehrhaltungen sind für die Knie wunderbar, da die Gelenke ohne Belastung trai-niert werden können. Üben Sie auch ausgiebig den Berg und lernen Sie, fest, ruhig und gerade auf den Füßen zu stehen. Gerades Sitzen mit weit gespreizten Beinen, eine Haltung, die Upavista Konasana genannt wird, eignet sich gut, um die offenen Kniekehlen zu spüren, ohne sie zu über-dehnen.

KOPFSCHMERZEN ~ Das regelmäßige Üben des Schulterstandes kann hilfreich sein, um Kopfschmerzen und Migräne vorzubeugen, nicht aber, wenn Sie bereits Kopfschmerzen haben. Auch alle im Sitzen ausgeführten Drehungen sowie die Drehung in Rückenlage sind nützlich.

KRAMPFADERN ~ Praktizieren Sie Kopfstand und Schulterstand.

RÜCKENSCHMERZEN ~ Legen Sie sich flach auf den Boden, die Beine zur Brust angewinkelt, und geben Sie sich Zeit, einfach zu atmen und zu entspannen. Schieben Sie Kissen unter Ihren Kopf oder legen Sie die Beine auf einen Stuhl. Hilfreich sind auch alle Stehübungen (ausgenommen Drehungen wie das Dreieck) wie etwa Baum, Vorwärtsbeuge an einem Tisch, Krieger und schließlich ein Schulterstand, dermit Hilfe eines Stuhls oder an der Wand ausgeführt wird.

SCHULTERN UND NACKEN ~ Die tägliche Benutzung von Computern, Telephonen oder Autos wie auch das Tempo und die Belastungen des Alltags führen dazu, dass die meisten Menschen unter starken Nacken- und Schulterverspannungen leiden. Meist ist eine Seite schlimmer betroffen, die daher stärker trainiert werden sollte. Hilfreich sind hier Kuh, Adler, Dreieck, Drehungen in Rückenlage, Vorwärtsbeugen auf einem Stuhl und, wenn Sie sehr beweglich sind, Kind, Hund, Heuschrecke und Muschel. Verspannungen der Schulter- und Nackenmuskulatur können auch Kopfschmerzen hervorrufen.

STRESS ~ Legen Sie sich wie im Fall von Rückenschmerzen hin, die gesamte Wirbelsäule lang und flach auf den Boden gestreckt, und atmen Sie fünf Minuten sanft. Wenn Ihre Atmung langsam und regelmäßig ist, ziehen Sie behutsam Ihre Knie an und umschlingen sie mit den Armen, ohne die Schultern zu verspannen. Großartig für Stress sind auch die Kind-Haltung und Schulterlockerungsübungen wie Kuh oder Adler. Wenn Sie ein ganzes Programm daraus machen wollen, fahren Sie mit Stehübungen, Schulterstand und Drehungen in Rückenlage fort. Lassen Sie sich zum Schluss viel Zeit für die Totenstellung.

Viele chronische Kniebeschwerden können einfach dadurch behoben werden, dass man lernt, ruhig und gerade auf beiden Füßen zu stehen.

VERSTOPFUNG ~ Denaturierte und zu stark raffinierte Nahrungsmittel führen in Verbindung mit Stress und Bewegungsmangel schnell zu Verstopfung, wodurch wiederum Schlacken im Körper bleiben und der gesamte Organismus geschwächt wird. Gut helfen mehrere Zyklen des Sonnengrußes, und falls er nicht wirkt, versuchen Sie es mit ausgiebigen Schulterstand-Variationen und dem Pflug.

Überall in China kann man morgens Menschen bei Tai-Chi-Übungen beobachten, wie hier in der Verbotenen Stadt.

YOGA HAT ENGE VERBINDUNGEN mit anderen alten Arten der Leibesübung und bildet zudem die Grundlage vieler modernerer Übungssysteme.
So entspringen etwa die Kampfkünste den Yoga-Asanas und Pranayama-Übungen, die im fünften Jahrhundert von dem buddhistischen Mönch Bodhidharma
nach China gebracht worden sein sollen. Durch die Verschmelzung seiner Yoga-
Lehre mit dem heimischen Tao Yin entstand das, was wir heute als asiatische
Kampfsportarten kennen. Häufig wird vergessen, dass diese Kampfkünste einmal als Methode zur Bekämpfung von Krankheiten entwickelt wurden, keineswegs zur Bekämpfung des Feindes. In allen alten Kulturen galten Leibesübungen als Ergänzung der Medizin, als Weg zu ganzheitlicher Gesundheit und zu
der Kraft, die körperlichem Wohlbefinden entspringt. Die Chinesen betrachten ihre beliebten Methoden des T'ai Chi, Qi Gong und Wing Chun als Übungssysteme, die den Geist sammeln und innere Stärke bewirken. Die neuesten
Theorien über Ernährung und Körperbewegung stehen ganz in Einklang mit
diesen Lehren. Heute gilt in Sport und Medizin, dass maßvolle Bewegung für
Körper und Geist weit gesünder ist als Extremsport. Alle Spitzensportler
lernen, dass intensives Herz-Kreislauf-Training ohne den Ausgleich durch
Dehnungsübungen, Entspannung und richtige Atmung zu Burnout und Ver-
letzungen führt. Bei den meisten Menschen ist es die regelmäßige maßvolle
Körperbewegung, die das Immunsystem stärkt, Energie bringt und für Ausgeglichenheit sorgt. Im Laufe der Jahrhunderte haben Elemente unterschied-
licher Übungssysteme die Grenzen zwischen Kulturen und Hemisphären
überschritten. Sie wurden gelehrt, überdacht und angeglichen und erhielten
neue Namen. Es ist bemerkenswert, wie viele der heute beliebten Fitness-
Methoden Anleihen beim Yoga genommen haben, der älter als alle anderen
Systeme ist.

NACHKLÄNGE DES YOGA

T'AI CHI ~ T'ai Chi ist eine Technik, bei der Körper, Atmung und Gleichgewicht in Einklang gebracht werden, um Lebenskraft, Energie und Geist zu harmonisieren. In China praktizieren die Menschen es bei Sonnenaufgang, denn nach der chinesischen Philosophie fließt das *chi,* die Lebenskraft der Natur, zu diesem Zeitpunkt am stärksten. T'ai Chi hat zum Ziel, dass dieses Chi ungehindert im Körper zirkulieren kann. Man nennt diese Methode auch »Meditation in Bewegung« und sie beinhaltet Bewegungsabläufe, die als »Formen« bezeichnet werden. Sie werden langsam, entspannt und fließend ausgeführt, wobei das Gewicht fest in den Füßen ruht. Wie beim Yoga haben die Bewegungen Namen, die der Natur entlehnt wurden, etwa Adler oder Affe. Wenn die Bewegungen richtig gemacht werden, sehen sie einfach aus, aber sie erfordern Kraft und Genauigkeit. In China wird T'ai Chi von Alt und Jung gleichermaßen geübt, da es sowohl Geist als auch Körper zugute kommt und nicht nur Selbstbeherrschung und Konzentration fördert, sondern auch die Durchblutung verbessert, die untere Wirbelsäule kräftigt und die Funktion der inneren Organe und der Atmungsorgane unterstützt.

QI GONG ~ Qi Gong (ausgesprochen »Chi Gung«) könnte als »Heilen von Krankheiten durch Bewegen der Muskeln« übersetzt werden. Es dient der Gesundheitspflege und gehört zusammen mit Akupunktur und Pflanzenheilkunde zu den Grundpfeilern der traditionellen Medizin Chinas, wo es zunächst von Ärzten praktiziert wurde. Heute zählt man in China offenbar sechzig Millionen Qi-Gong-Anhänger. Die Bewegungen sind sparsam und werden langsam ausgeführt. Wie bei T'ai Chi und Yoga gibt es mehrere Arten des Qi Gong.

ALEXANDER-TECHNIK ~ Der Australier Frederick Matthias Alexander entwickelte sein System zu Beginn des zwanzigsten Jahrhunderts. Bei dieser Technik sollen durch eine bewusste Kontrolle, wie unser Körper in Einklang mit unseren Empfindungen arbeitet, Verspannungen gelöst und eine gewohnheitsmäßig schlechte Haltung korrigiert werden. Alexander entwi-

ckelte seine Methode zunächst, um eigene Beschwerden zu beheben. Er litt immer wieder unter Stimmversagen, und als er sich eines Tages im Spiegel beobachtete, stellte er fest, dass er seinen Körper in einer Weise verkrampfte, der er sich nicht bewusst war. Er konzentrierte sich darauf, ob er beim Einatmen den Nacken versteifte und die Schultern einzog, und brachte sich so selber bei, lockerer zu stehen und sich fließender zu bewegen. Dies klingt sehr simpel, doch durch eine ungemein aufmerksame Arbeit mit Körper und Atmung besserte sich seine Gesundheit insgesamt und insbesondere das chronische Asthma, an dem er von Geburt an gelitten hatte. Die Alexander-Technik wird heute auf der ganzen Welt gelehrt und vor allem von Schauspielschülern, Kunststudenten und Musikstudenten praktiziert, die ihre Sinne umerziehen wollen. Wie beim Yoga wenden sich ihr viele Menschen aufgrund einer Verletzung oder Rückenschmerzen zu und stellen dann fest, dass sie ihnen nicht nur bei ihrem eigentlichen Problem hilft, sondern ihre gesamte Lebensanschauung verändert und ihre Gesundheit allgemein verbessert. 1904 ließ sich Alexander überreden, von Australien nach London zu ziehen, wo er eine Klinik einrichtete, um die Technik bekannt zu machen. Es ist unwahrscheinlich, dass ihm die Theorien der Theosophen seiner Zeit oder das verstärkte Interesse an Yoga in einigen Teilen der Welt nicht bekannt waren, als er seine Ideen entwickelte, allein deshalb, weil er bekannte Intellektuelle unterrichtete, die der theosophischen Bewegung nahe standen, darunter Aldous Huxley und George Bernard Shaw.

PILATES-METHODE ~ Josef Pilates wurde 1880 in Düsseldorf geboren. Da er als Kind von schwacher Gesundheit gewesen war, entwickelte er früh eine Obsession für körperliche Fitness. Er tauchte, fuhr Ski, boxte und rang, um seinen Körper zu stählen. Als er während des Ersten Weltkriegs in ein englisches Internierungslager kam, stellte er dort ein Fitness-Programm für seine Mitgefangenen auf. Nach dem Krieg ging er von Deutschland nach Amerika und eröffnete in New York ein Studio, wo zu seinen ersten Schülern Tänzer gehörten. Eine seiner Anhängerinnen war die verstorbene Martha Graham. Heute zählen viele hochkarätige Prominente, Filmstars, Models und Tänzer zu den Millionen, die seine Methode für sich entdeckt haben. Wie sie sagen, führt sie zu festeren Muskeln, einer schlankeren Figur, mehr Beweglichkeit und selbst einer Verbesserung der Libido. Pilates beinhaltet eine Abfolge sehr kontrollierter, sparsamer, langsamer, konzentrierter Bewegungen – insgesamt sind es fünfhundert –, die auf einer Matte oder an Geräten wie dem so genannten Reformer ausgeführt werden. Die Übungen strecken und stärken eine Muskelgruppe nach der anderen und erfordern Konzentration und Zentrierung. Wie die Anhänger sagen, ist die Einbeziehung sowohl des Geistes als auch des Körpers einer der entscheidenden Reize dieser Methode.

FELDENKRAIS-METHODE ~ Manchem erscheinen selbst einfachste Yoga-Übungen kompliziert und beängstigend. Wer sehr ungeschmeidig ist, der kann sich nicht vorstellen, den Körper in anscheinend unmöglichen Haltungen zu verrenken. Genau für solche Menschen entwickelte der 1984 verstorbene Moshe Feldenkrais ein Übungssystem, das darüber hinaus der Rehabilitation nach schwerer Krankheit dient. Feldenkrais erkannte, dass man den Körper selbst durch die langsamste, geringfügigste Bewegung nachhaltig erziehen kann, wenn man sie mit großer Konzentration und Bewusstheit dafür ausführt, was der Körper tut und wie er auf die Bewegung reagiert. Natürlich müssen die Bewegungen in Einklang mit der Anatomie des Körpers stehen. Bei der Entwicklung seiner Methode wandte Feldenkrais seine Kenntnisse in Physik und Ingenieurwissenschaften auf die Erforschung der menschlichen Bewegungsweise an. Wie bei vielen Pionieren heutiger Übungsmethoden waren eigene Beschwerden der Auslöser für seine Arbeit. Er litt unter einer chronischen Knieverletzung, für deren Behandlung er einfache Bodenübungen und eine Körperarbeit entwickelte, die das zentrale Nervensystem umerziehen und Steifheit beseitigen sollte. Die Feldenkrais-Methode wird heute auch bei der Rehabilitation von Trauma-, Gehirnlähmungs- und Schlaganfallpatienten angewandt. Hauptziel ist ein bewusstes Wahrnehmen von Körper und Empfinden und es ist schon beeindruckend, wie diese kleinen, langsamen Bewegungen körperliche Anspannung lösen und die Beweglichkeit zurückbringen. Yoga-Anhänger finden bei Feldenkrais viele Grundlagen des Yoga wieder, und beide Systeme lassen sich ausgezeichnet kombinieren.

Wer andere kennt, ist klug
Wer sich selber kennt, ist weise.
Wer andere besiegt, hat Kraft.
Wer sich selber besiegt, ist stark.

LAOTSE

DIE YOGA-PRAXIS

Das Praktizieren von Yoga verleiht ein ausgeprägtes Gefühl für Maß und Proportionen. Auf unseren Körper bezogen bedeutet dies, dass wir unser wichtigstes Instrument zu spielen und die größte Resonanz und Harmonie daraus zu ziehen lernen.

YEHUDI MENUHIN

DIE MEISTEN MENSCHEN verstehen unter Yoga das Üben von Körperhaltungen – so genannten Asanas – und die Atemkontrolle oder Pranayama. Asanas und Pranayama sind jedoch nur das dritte und vierte Glied der von Patanjali beschriebenen acht Glieder oder Stufen des Yoga, und betreibt man sie für sich allein ohne die anderen sechs Disziplinen, sind sie für den Puristen wenig mehr als ein Fitness-Training. Wiewohl die Asanas nicht entwickelt wurden, um damit zu protzen, dass man seinen Körper bizarr verrenken oder die Pulsfrequenz erhöhen kann, sind sie für westliche Yoga-Anhänger besonders interessant, und tatsächlich haben sich die Asanas als besonders wirksames Mittel gegen den Stress der hektischen Lebensweise im Westen erwiesen. Ohne mechanische – und langweilige – Wiederholungen sind die Asanas darauf ausgelegt, jeden Muskel, jeden Nerv und jede Drüse des Körpers in Höchstform zu bringen, wobei jede Stellung ihre besondere Funktion hat. Daher bringt die tägliche Übung nicht nur körperliche Stabilität, Balance, Beweglichkeit und Vitalität mit sich, sondern auch mentale Ausgeglichenheit und Selbstvertrauen, eine Kombination, die durch Tanzen, Sport, Bodybuilding oder andere Formen der Leibesübung, die Wettbewerb und Leistungsdruck unterliegen, selten erreicht wird.

Das Wort *asana* wird als »Haltung« oder »Stellung« übersetzt und leitet sich von dem Sanskrit-Wort *as* ab, das »bleiben«, »sein«, »sitzen« bedeutet. Asanas sind Körperübungen, die im Rahmen der Gesamtphilosophie des Yoga entwickelt wurden, um den Körper gesund und stark zu erhalten und – wie ihr Name nahe legt – größere Ausgeglichenheit zu erreichen, indem man sich Zeit gibt, einfach zu sein.

WIE ASANAS WIRKEN ~ Asanas werden stets unter bewusster Beobachtung des Atems ausgeführt. Die Wirkung des Atems auf den Körper ist wichtiger Bestandteil jeder Asana-Bewegung. Diese bewusste Verbindung von Haltungen und Atem hat auch deshalb Bedeutung, weil unser physisches und unser emotionales Selbst in ständiger Beziehung stehen. Denken Sie nur daran, dass wir uns vor Angst anspannen oder vor Lachen schütteln, und betrachten Sie die unmittelbaren körperlichen Folgen dieser emotionalen Reaktionen. Unsere Gefühle und Emotionen finden in unserer Atmung Ausdruck und jeder Stimmungswechsel wird darin sichtbar, wie wir Hände, Schultern, Hals, Kopf und Beine halten und bewegen. Unsere Gemütslage wird in der Art und Weise, wie wir die Stellungen ausführen, offenbar, und umgekehrt können wir durch das Einnehmen der Haltungen mehr darüber erfahren, wie wir uns fühlen. Asana-Übungen können Energie schenken, Stress abbauen und den Körper gesund erhalten, aber am wichtigsten ist, dass sie Geist und Körper ins Gleichgewicht bringen und harmonisieren. Ein starker, gesunder Körper ist ein Schritt auf dem Weg zu klarem Denken und, letztlich, zur Erleuchtung.

Die Asana-Praxis beinhaltet eine Einstellung gegenüber körperlichen Übungen, die der westlichen Sicht völlig entgegengesetzt ist. Asanas lockern, strecken und entspannen den Körper, während westliche Sportarten ihn steif werden lassen und verhärten. Yoga-Übungen sind (wie andere östliche Formen der Leibesübung, etwa T'ai Chi, Tao Yin und die Kampfkünste) langsam und rhythmisch, westliche Methoden schnell und mechanisch. Nach der westlichen Theorie des Aerobic muss man durch Laufen oder Springen das Herz starker Belastung aussetzen, um Kraft zu entwickeln. In der Realität führt dies aber mitunter zu völliger Erschöpfung. Eine verspannte Wirbelsäulenmuskulatur blockiert Nerven- und Energiekanäle und verbraucht große Mengen Energie, um die Anspannung der Muskeln aufrecht zu erhalten. Östliche Methoden zielen darauf ab, Steifheiten und Verspannungen im Körper zu beseitigen, um ihn stärker zu strecken und dabei Energie zu sammeln, sodass man sich hinterher erfrischt fühlt. Da es bei Yoga-Asanas sehr wichtig ist, dass die Bewegungen im Einklang mit dem Atem stehen, wird sichergestellt, dass selbst die ruhigste, kleinste Bewegung das Herz-Kreislauf-System stimuliert, das Blut mit Sauerstoff angereichert und die Wirbelsäule gedehnt und gestreckt wird, was wiederum die Versorgung der lebenswichtigen Organe verbessert.

Jedes Asana basiert auf drei Grundprinzipien. Erstens müssen wir uns erden, indem wir uns bewusst machen, wie und wo Schwerkraft auf unseren Körper einwirkt. Zweitens müssen wir unsere Aufmerksamkeit auf den Atem lenken, wodurch unsere Haltung stabilisiert und unsere Verbindung mit dem Boden gestärkt wird. Wenn wir diese ersten beiden Regeln zusammen anwenden, kann der Körper beginnen, sich zu entspannen und zu strecken, und darin besteht das dritte Prinzip der Asana-Praxis.

Alle geistige Gesundheit hängt davon ab, dass es eine Freude sein sollte zu spüren, wie Hitze auf die Haut trifft, eine Freude, aufrecht zu stehen, wissend, dass die Knochen sich mühelos unter dem Fleisch bewegen.
DORIS LESSING

SCHWERKRAFT ~ Die Schwerkraft wirkt tagein, tagaus auf uns ein und führt langsam, aber sicher dazu, dass wir krumm werden, unsere Wirbelsäule ihre Beweglichkeit verliert und wir mit den Jahren schrumpfen. Dennoch ist es den meisten von uns beinahe unmöglich, der Erde genügend zu vertrauen, um loszulassen und eine wirklich feste Verbindung mit dem Boden einzugehen.

DIE ATMUNG ~ Einer der Gründe für dieses Nichtloslassenkönnen liegt darin, dass wir vergessen haben, wie man richtig atmet. Wenn wir uns einmal auf den Rücken legen und einfach nur langsam und tief ein- und ausatmen, dann werden die meisten von uns spüren können, wie Anspannungen in unserem Körper im Boden verschwinden. Dies geschieht, weil wir das Zwerchfell richtig benutzen, jenes dicke Muskelband, das zwischen Brust- und Bauchhöhle sitzt und zudem mit den Lendenmuskeln verbunden ist, die wiederum an den Lendenwirbeln befestigt sind. Wenn das Zwerchfell beim Ausatmen erschlafft, erschlaffen auch die Wirbelsäulenmuskeln im Kreuzbereich. Dadurch werden die unteren Wirbel nach unten gezogen und die oberen Wirbel können sich von ihnen fort nach oben strecken.

STRECKEN ~ Nach der Yoga-Lehre können wir die Schwerkraft als »Anker« benutzen, von dem aus die Wirbelsäule sich strecken und nach oben wachsen kann, wenn wir uns unserer Wurzel – des Punktes, an dem die Schwerkraft uns in den Boden zieht – gewahr sind und gleichzeitig mit Hilfe des Zwerchfells bewusst tief in den Bauch atmen. Denken Sie an einen Baum oder eine andere Pflanze, deren Wurzeln sich tiefer und tiefer in die Erde schieben, damit Stamm, Triebe oder Zweige dem Licht entgegenwachsen und knospen und blühen können. Durch das bewusste Wahrnehmen der Schwerkraft und unserer Atmung können auch wir Wurzeln schlagen und wachsen lernen.

DIE WIRBELSÄULE ~ Während wir lernen, uns zu verwurzeln, um uns dem Himmel entgegenzustrecken, wird der Stamm – oder die Wirbelsäule – stark und beweglich. Bei allen Wirbeltieren stellt die Wirbelsäule die wichtigste Stütze des Körpers dar, sein strukturelles und neurologisches Zentrum. Das Rückenmark, das vom Gehirn bis etwa zum zweiten Lendenwirbel verläuft, ist die Mittelachse des Körpers und Hauptkanal für das Nervensystem. Alle unsere Körperfunktionen und Bewegungen hängen von der Gesundheit dieser Nerven ab. Das Rückenmark wird von den Wirbeln geschützt, die ihrerseits auf der gesamten Länge der Wirbelsäule von Muskeln und Bändern kontrolliert werden. Diese sind wiederum für unsere Haltung und unsere Bewegungen verantwortlich. Für eine perfekte Haltung muss Ihr Kopf mühelos auf dem Hals und den vier Krümmungen der Wirbelsäule balancieren, und während Sie sich bewegen, passt die gesamte Wirbelsäule sich aufgrund der körpereigenen Reize und der Steuerreize der Sinnesorgane an. Der Zahn der Zeit und negative Gewohnheiten verändern die perfekte Haltung, mit der wir geboren werden, und wir müssen die Verformungen beheben, um wieder in einen Zustand des Gleichgewichts zu gelangen. Zum Üben von Asanas nach den oben beschriebenen Prinzipien gehört das Strecken und Stärken der Wirbelsäulenmuskeln.

Der Körper ist die Disziplin, die Struktur, das Gesetz; der Geist ist innere Hingabe, Spontaneität, Freiheit. Ein Körper ohne Geist ist ein Leichnam und ein Geist ohne Körper ist ein Gespenst.
RABBI ABRAHAM
JOSHUA HESCHEL

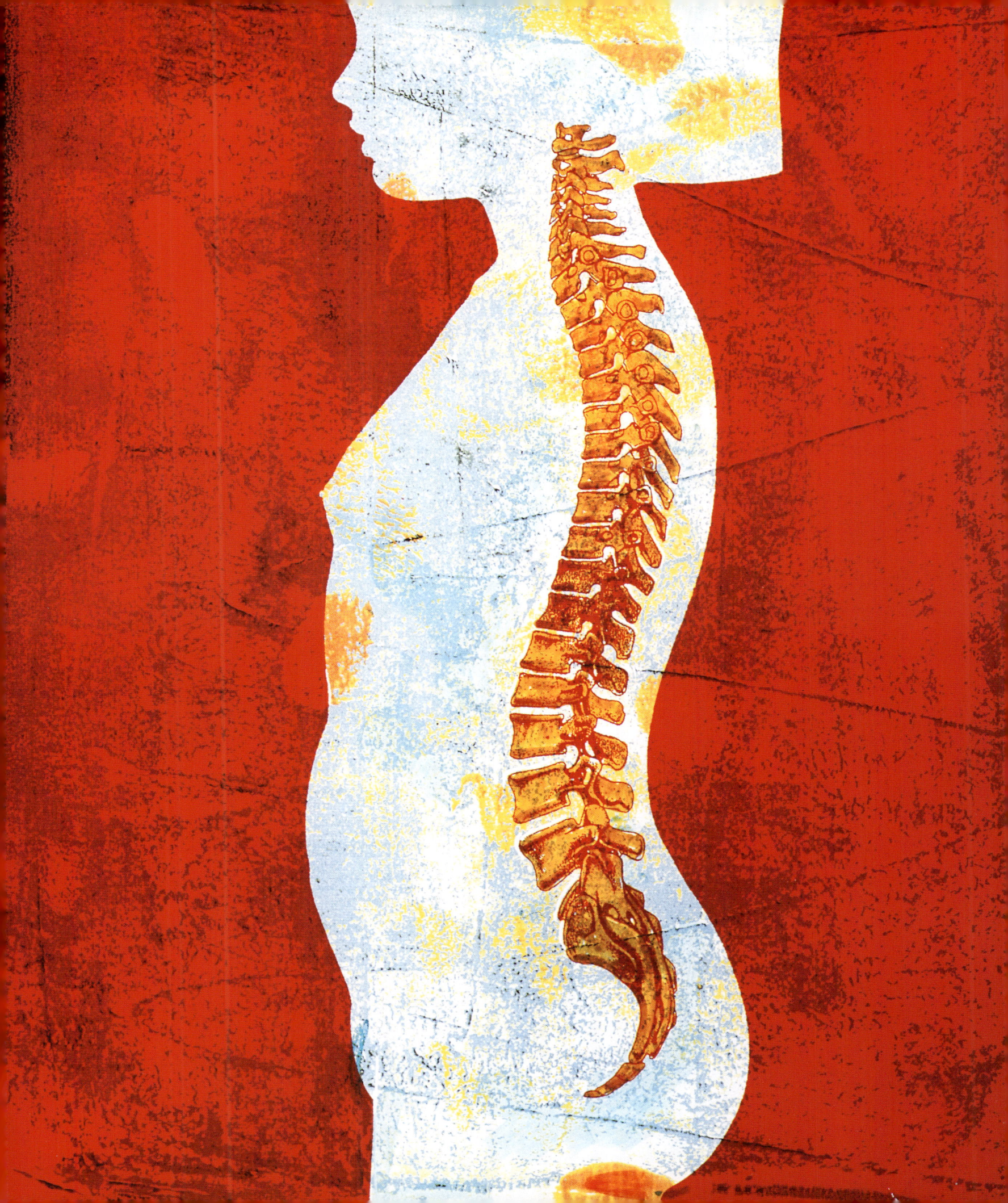

REGELN FÜR DIE YOGA-PRAXIS ~ Bei der Ausführung von Yoga-Asanas ist stets die gleiche Haltungsbalance wichtig, egal ob wir stehen, sitzen oder Umkehrhaltungen einnehmen. Dieses Gleichgewicht erreichen wir nicht dadurch, dass wir unseren Körper in irgendwelche Posen zwingen, sondern indem wir unsere Wurzeln finden (im Stehen sind unsere Wurzeln die Fersen, im Sitzen unsere beiden Steißbeine, bei Umkehrhaltungen unsere Ellbogen oder Hände), in den Boden entspannen, langsam die Wirbelsäule entlang atmen und den Körper wieder gerade werden lassen. Der Hauptzweck von Yoga-Asanas ist also, Gesundheit und Energie zu bewahren oder zurückzuerlangen, die Haltung zu korrigieren und die Wirbelsäule zu schulen, um ihr ihre ursprüngliche Beweglichkeit wiederzugeben. Eine sorgfältig geplante Übungsfolge, bei der der Schwierigkeitsgrad langsam gesteigert wird und sich Vor- und Rückwärtsbeugen wie auch belebende und ruhigere Stellungen in Gleichgewicht befinden, stimuliert und kräftigt den gesamten Organismus – Muskeln und Skelett, Herz und Kreislauf, lymphatisches und endokrines System, Nervensystem, Verdauung, Atmung, Harnwege und Fortpflanzungsorgane.

Im taoistischen Übungssystem ist vollkommene Entspannung absolute Voraussetzung für eine richtige Atemkontrolle und Energiezirkulation, die wiederum starke spirituelle und mentale Kräfte zur Entfaltung bringen können. Patanjalis Yoga-Sutras zeigen, wie diese Entspannung es erlaubt, sich auf das Ewige zu konzentrieren. Vanda Scaravelli nennt das Einnehmen von Yoga-Haltungen ohne jede Anstrengung den »Gesang des Körpers«. Um diesen Gesang anzustimmen, müssen wir so ruhig werden, dass wir den Rhythmus des Atems finden, und die Ausatmung an die Schwerkraft koppeln. Nur dann werden wir ausreichend starke Wurzeln haben, um uns mühelos in jedes Asana strecken zu können.

Yoga kann man in jedem Alter beginnen, bereits mit drei Jahren, aber auch noch mit siebzig oder achtzig, und er kann den Herausforderungen angepasst werden, die verschiedene Lebensphasen an uns stellen. Die therapeutische Anwendung von Yoga kann außerordentlich positive Wirkungen auf ein ganzes Spektrum ernster Erkrankungen haben, von schwerem Asthma über hohen oder niedrigen Blutdruck und Herzprobleme bis zu Krebs und Multipler Sklerose, doch in solchen Fällen sollte er nur mit Hilfe und unter ständiger Anleitung eines erfahrenen Yoga-Lehrers und in Absprache mit dem Hausarzt praktiziert werden. Viele Yoga-Übungen sind auch für Schwangere von unschätzbarem Wert, aber auch sie sollten einen Lehrer haben, der sie anleitet.

Lebenskraft und Energie, Körper und Atem sind untrennbar:
Wenn der Körper sich nicht bewegt, kann die Lebenskraft nicht fließen.
Wenn die Lebenskraft nicht fließt, gerät die Energie ins Stocken.

SUN SSU-MO (SU SIMIAO), ARZT ZUR ZEIT DER TANG-DYNASTIE

REGELN FÜR DIE YOGA-PRAXIS

1   *Beginnen Sie mit einfachen Haltungen und gehen Sie nach und nach zu den schwierigeren über.*

2   *Bleiben Sie nur so lange in einer Haltung, wie Sie sich wohl fühlen. Nur wenn sich Anspannungen lösen, kann der Körper sich ohne Anstrengung bewegen. Asana-Übungen sind kein Ausdauertest. Wenn Sie eine Haltung nur kurz einnehmen können, dann lassen Sie los und wiederholen die Übung, statt die Stellung in einem Zustand der Anspannung zu halten.*

3   *Führen Sie Bewegungen gleichförmig, langsam und besonnen aus. Zwingen Sie sich nicht mit Gewalt oder ruckartig in eine Körperhaltung.*

4   *Setzen Sie sich mit dem Sinn jedes Asanas auseinander, damit Sie bewusst trainieren und sich auf ihr Tun konzentrieren können.*

5   *Achten Sie darauf, dass Sie Vor- und Rückwärtsbeugen wie auch belebende und beruhigende Asanas gleichermaßen üben – am Ende einer Übungsfolge sollten Sie sich weder erschöpft noch euphorisch fühlen.*

6   *Lassen Sie sich am Ende der Übungen genügend Zeit, in den Sitzhaltungen, durch Atmung und schließlich durch Savasana, die »Totenstellung«, zur Ruhe zu kommen.*

7   *Legen Sie sich nicht auf ein Programm fest. Während Sie Fortschritte machen, Yoga Teil Ihres Lebens wird und Ihre Lebensumstände sich ändern, wird Ihr Körper unterschiedliche Bedürfnisse haben.*

»Um die Asanas auszuführen«, sagt B. K. S. Iyengar in *Licht auf Yoga*, »braucht man einen sauberen, luftigen Platz, eine Decke und Entschlossenheit.« Mehr ist tatsächlich nicht nötig, denn wenn Sie entschlossen sind, werden Sie auch Zeit zum Üben finden. Sie brauchen einen ebenen Untergrund und genügend Platz, um sich im Liegen völlig ausstrecken und die Arme frei bewegen zu können. Am besten eignet sich ein Holzboden oder ein warmer Steinboden. Für Haltungen, in denen Sie ein Polster benötigen, muss eine Decke griffbereit liegen. Auf Teppichböden oder rutschigen Böden brauchen Sie eine rutschfeste Matte, ebenso auf Reisen, da Sie nie wissen, wie der Boden im Hotelzimmer aussehen wird.

Tragen Sie lockere Kleidung, am besten ein T-Shirt oder Hemdchen und Leggings oder eine Trainingshose. Verzichten Sie auf einteilige Anzüge, denn bei manchen Übungen werden Sie Ihre Haut in der Zwerchfellgegend spüren wollen. Üben Sie stets mit nackten Füßen. Halten Sie für Pranayama und Entspannung Socken und eine Decke bereit, damit Ihr Körper nicht auskühlt, wenn Sie nach anstrengenderen Asanas still dasitzen. Die einzigen anderen Hilfmittel, die nützlich sein könnten, sind ein Gürtel (auch ein Kofferriemen ist perfekt) und ein Stuhl, der Ihnen nötigenfalls Halt gibt.

Es ist ratsam, stets zur gleichen Tageszeit zu üben, damit der Yoga fester Bestandteil Ihres täglichen Lebens werden kann. Legen Sie eine bestimmte Zeit fest und bleiben Sie dabei. Sie sollten aber weder nach dem Essen üben, noch wenn Sie sehr müde sind. Die Dauer der Übungen hängt davon ab, wie viel Zeit Sie erübrigen können und wie erfahren Sie sind. Als Regel gilt lediglich, dass es weit besser ist, täglich ein wenig – vielleicht nur zehn Minuten – zu üben als, beispielsweise, einmal pro Woche stundenlang. Auch Pranayama kann man mit nur fünf Minuten beginnen und dann nach und nach steigern.

DIE NAMEN DER ASANAS wurden nicht willkürlich festgelegt. Wir können aus ihnen lernen, und wenn wir den Geist eines Namens erfassen – Berg, Baum, Heuschrecke, Fisch, Schildkröte, Herr des Tanzes oder Kobra –, ob er nun der Natur oder der Hindu-Mythologie entstammt, werden wir dadurch unsere Asana-Übungen beseelen und zu einem tieferen Verständnis gelangen. Man kann sogar noch weitergehen und sagen, dass ein Asana uns hilft, unser menschliches Sein zu transzendieren, indem es uns die Verwurzelung eines Baumes oder den Tanz eines Gottes nachahmen lässt. Einige der Grundhaltungen verdanken ihren Namen den niedrigsten Kreaturen und alltäglichsten Pflanzen. Unter den Tausenden von Asanas, die es gibt, sind alle großen und kleinen Lebewesen vertreten, um uns an die Ehrfurcht gebietende Tatsache der Evolution zu erinnern. In der Philosophie des Yoga ist die Asana-Praxis unauflösbar mit den Gesetzen des Universums verbunden. Daher ist sie in vielen Teilen der Welt auch der Hingabe an Gott gewidmet.

Wenn ein Ziel der Asana-Praxis, wie wir bereits festgestellt haben, darin besteht, lange Zeit ruhig und gelassen stehen oder sitzen zu können, dann ist der stille, unbewegliche Berg zweifellos die Ausgangsbasis für alle anderen Asanas. Vollkommen still auf zwei Füßen zu stehen, die fest im Boden verankert sind, kann Sie auf die denkbar einfachste, eindrücklichste Weise lehren, die drei Grundprinzipien der Asana-Praxis zu erfahren – Erden, Atmen und Strecken der Wirbelsäule. Diesen Grundprinzipien kann man sich bei einem so schlichten Asana nicht entziehen und dies ist der Grund, weshalb viele fortgeschrittene Yoga-Treibende den Berg für eine der schwierigsten Stellungen halten.

Tada, der Berg, ist der Inbegriff von Ruhe und Stabilität. In einigen alten Traditionen symbolisiert er auch die Linie, die Himmel und Erde verbindet. Berge wirken aufgrund der ihnen eigenen Ruhe und Festigkeit und der Weise, wie sie aus den Tiefen der Erde direkt in den Himmel zu reichen scheinen, mächtig und Ehrfurcht gebietend. Seit alters her haben sich die hinduistischen und buddhistischen Weisen auf der Suche nach Erleuchtung in die Berge Tibets zurückgezogen. Schaut man auf die westliche Tradition, findet man dort Helden der griechischen Antike wie Achilles, die angeblich auf Bergen geboren und groß gezogen wurden. Und denken Sie auch an Moses auf dem Berg Sinai.

Beim Berg werden die Füße schulterbreit auseinandergestellt. Die Fußsohlen ruhen fest auf dem Boden, die Zehen sind weit gespreizt und die Knie durchgedrückt, aber locker. Der Körper ist aufrecht, entspannt, ruhig und stark. Hals und Schultern sind weich, und während Sie Ihr Zentrum der Schwerkraft finden, balanciert das Gewicht Ihres Kopfes mühelos auf Ihrem Hals. Bei jedem Ausatmen spüren Sie, wie die Schwerkraft Ihre Füße in den Boden und Ihr Steißbein nach unten zieht, während Sie von der Taille aufwärts dem Himmel entgegenwachsen. Das Strecken der Wirbelsäule erfolgt mühelos mit dem Atmen und hilft Ihnen, vollkommene Stabilität zu finden. Diese natürliche Dehnung, fort von einer soliden Basis, streben Sie in jedem Asana an. Der erste Schritt bei allen Stehübungen sind einige Momente der stillen Erdung in Tadasana.

TADASANA
Berg

Berge wie diese, Reisende in den Bergen und Ereignisse, die ihnen hier widerfahren, finden sich nicht nur in der Zen-Literatur, sondern auch in Erzählungen jeder großen Religion. Ein Vergleich zwischen einem wirklichen Berg und einem spirituellen Berg, der zwischen jeder Seele und ihrem Ziel steht, ist nahe liegend und natürlich.
ROBERT M. PIRSIG

Große Dinge geschehen, wenn Menschen und Berge sich begegnen.
WILLIAM BLAKE

VRKSASANA
Baum

Der Name verrät bereits, dass Vrksasana lehrt, wie man sich erdet. Versuchen Sie sich vorzustellen, dass die Zehen Ihres Standbeins sich wie die Wurzeln dieses außergewöhnlichen Baumes in die Erde strecken.

Ein Baum ist vor allem im Boden verwurzelt und sein Stamm völlig stabil und sicher, wie lang, dünn, kurz oder dick er auch sein mag. Das Gleiche gilt für die Baum-Stellung. Die Wurzeln, der Standfuß, geben dem Stamm sicheren Halt und erlauben den Ästen, zum Himmel emporzuwachsen. Ohne Wurzeln würde ein Baum von dem Wind in seinen Zweigen davongetragen. Und diese solide Gründung verleiht Bäumen ein langes Leben. Die Eiche und die Kastanie können mehrere hundert Jahre alt werden, ein ausgewachsener Eichenbaum kann dreißig Tonnen wiegen, beinahe zweitausend Quadratmeter überspannen und Wurzeln und Äste von insgesamt dreißig Kilometer Länge besitzen.

Um in dieser Haltung die Balance zu finden, ist es ganz wichtig, dass der Standfuß völlig geerdet ist, dass Fersen, Fußballen und Zehen allesamt zur Stabilität beitragen, um den Fuß im Boden zu verwurzeln. Die Schwerkraft zieht das Standbein nach unten und wieder streckt sich die Wirbelsäule von der Taille aufwärts. Die Mitte des Körpers ist ruhig und fest, während die Leiste des angewinkelten Beines weich bleibt und Sie darauf achten, weder nach vorn zu kippen noch das Gesäß herauszustrecken. Durch die ruhige Konzentration auf einen Punkt in mittlerer Entfernung und eine gleichmäßige Atmung wird die Balance in Ihnen emporsteigen und Ihre Arme können sich wie die Zweige eines Baumes dem Licht entgegenrecken. Wie alle asymmetrischen Asanas muss Vrksasana nach einem Wechsel des Standbeins wiederholt werden, damit der Körper sich gleichmäßig entwickelt.

Bäume erhalten ihre Nahrung sowohl von oben als auch von unten, vom Sonnenlicht und vom Wasser in der Erde.

JUDITH HARRIS

Trikonasana ist eine von mehreren sehr intensiven Stehübungen, die in vielen modernen Yoga-Methoden eine zentrale Rolle spielen, jedoch in den ältesten Texten und Asana-Handbüchern nicht erscheinen. Einige Leute glauben, dass sie erst zu Beginn des zwanzigsten Jahrhunderts in das Yoga-System einbezogen wurden und ihre Vorbilder in den dynamischeren Bewegungen der Kampfkünste und den Leibesübungen der britischen Armee in Indien haben. Dennoch ist das Dreieck eine bedeutende Figur im yogischen Konzept des Universums, da es die drei Qualitäten Rajas, Sattwa und Tamas – Aktivität, Reinheit und Trägheit – repräsentiert, aus denen das Universum besteht. Wenn sich diese drei Qualitäten im Gleichgewicht befinden, herrscht Harmonie. Auf der kosmischen Ebene bestimmt ihr Gleichgewicht – oder Ungleichgewicht – den Zustand des Universums, auf der menschlichen Ebene unseren individuellen Gemütszustand. Das Shri Yantra zur Konzentration des Geistes symbolisiert dies in einer klassischen geometrischen Figur aus verflochtenen Dreiecken, die Bewusstseinsebenen darstellen.

Wie dieses Asana seinen Namen erhielt, ist leicht verständlich, denn beim Einnehmen der Stellung beschreiben Rumpf, Arme und Beine perfekte Dreiecke. Trikonasana ist eine der ersten Stehübungen und dehnt die Wirbelsäule aus der Hüfte heraus, während die hintere Ferse verankert ist. Obwohl man sich bei dieser Übung aus dem aufrechten Stand in eine seitliche Position bewegt, wobei das Gewicht fest auf dem hinteren Fuß ruht, ist das Prinzip der Streckung und Atmung genau das gleiche wie bei Tadasana. Die Wirbelsäule bleibt vollkommen gerade und dehnt sich in einer langen Linie in einer Richtung zur Basis hin und in der anderen zum Scheitel. Bei dieser Übung ist es nicht notwendig, mit der Hand den Boden zu berühren. Tatsächlich ist sie nutzlos, wenn man bei dem Versuch die Wirbelsäule verbiegt. Wichtig ist allein, die Wirbelsäule während der ganzen Zeit gerade zu halten und beim Fließen des Atems ihre Bewegung zu spüren. Auf diese Weise werden Sie lernen, durch einfaches Aus- und Einatmen den angespannten Körper zu lockern.

TRIKONASANA
Dreieck

Obwohl diese Dame des sechzehnten Jahrhunderts nicht bewusst Trikonasana einnimmt, um den Fuß ihres Gatten zu berühren, weiß sie offenbar, dass ihre Fersen auf dem Boden bleiben müssen, wenn sie in dieser Haltung keine Rückenschmerzen bekommen will.

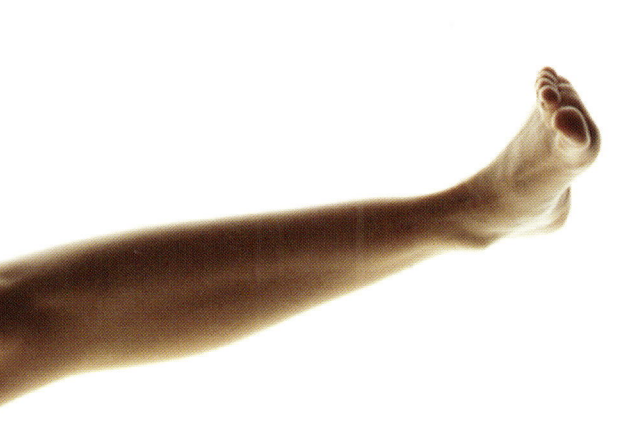

Chandra bedeutet im Sankrit »Mond« und *ardha* »halb«. Würde man von den oberen Fingerspitzen des Models bis zum hinteren Fuß und von dort zu den Fingerspitzen am Boden eine Linie ziehen, beschriebe sie einen Halbmond. Da es im Yoga einen Sonnengruß gibt, überrascht es nicht, dass andere Haltungen dem Mond gewidmet sind, einem kraftvollen Symbol für das zyklische Prinzip und den weiblichen Aspekt der Natur, das Lebenschenken und das Lebennehmen.

Der Halbmond ist eine Weiterentwicklung sowohl von Trikonasana als auch Virabhadrasana, der Krieger-Haltung. Wenn man ihn aus Trikonansana heraus einnimmt, setzt man die Finger auf den Boden und verlagert das gesamte Körpergewicht auf das vordere Bein, während sich das andere Bein nach hinten streckt. Dadurch wird der Oberkörper noch weiter als in Trikonasana gedreht und dies erlaubt eine fantastische Streckung von Kopf bis Zeh und von Arm zu Arm, die weiter bis zwischen die Schulterblätter geht, während Sie sich drehen, um zu Ihrer Hand emporzuschauen. Von Virabhadrasana ausgehend setzen Sie beide Hände leicht auf den Boden, während Sie Ihr hinteres Bein lang und gerade halten – betrachten Sie es als Ihr Ruder. Dann drehen Sie das Gesicht nach vorn und führen den oberen Arm zum Himmel.

ARDHA CHANDRASANA
Halbmond

Der sanfte Schwung dieses Halbmondes wiederholt sich in der sinnlichen Silhouette der weiblichen Gestalt.

Wenn man die Wirbelsäule so weit zurückbiegen kann, dass man mit den Händen die Erde hinter sich berührt, ohne den Boden unter den Fersen zu verlieren, bringt man die Stehhaltungen damit zu ihrem absoluten Höhepunkt. Wenn die Fersen so tief verwurzelt sind und man so weit nach oben gewachsen ist, wie es die eigene Körpergröße erlaubt, gibt es nur eine Möglichkeit, sich weiter zu strecken, die darin besteht, den Körper in eine langsame und mühelose Rückwärtsbeuge gleiten zu lassen. Vanda Scaravelli war einmal Schülerin von B.K.S. Iyengar und entwickelte später ihre eigene Yoga-Methode, die großes Gewicht auf Schwerkraft und Atmung legt. Iyengar soll einmal gesagt haben, ihr Körper sei der geeignetste Körper für Yoga, den er jemals gesehen habe, und die Art, wie sie schon über achtzigjährig die Haltungen fließend ausführte, war geradezu begeisternd. Sie nannte die Bewegung von Tadasana in die Rückwärtsbeuge einmal eine »Welle« des Körpers. In ihrem wunderbaren Buch *Awakening the Spine* finden sich folgende Anleitungen:

Es geht darum, wie die Wirbelsäule sich von den Fersen bis zum Scheitel mit der Schwerkraft bewegt. Sie lassen den Körper sinken, sinken, sinken. Je tiefer Sie sinken, desto leichter wird der obere Teil. Während der Oberkörper leicht wird, geht eine wunderbare Welle durch den Körper und der Körper bewegt sich mit ihr. Unten erlaubt es die Welle der Schwerkraft, in und durch die Wirbelsäule hindurchzufließen. Alle Energie geht in den Kopf. Der Körper wird zum Boden gezogen und von der Taille aufwärts entsteht ein absolut wundervolles Gefühl des Handelns und der Bewegung. Dieses Gefühl führt zu einem Empfinden von Integrität, Freiheit und Schönheit. Je besser wir in die Fersen atmen können, desto freier wird der Oberkörper sein, um sich nach oben zu strecken und loszulassen.

Wenn Sie die Haltung auf die so beschriebene Weise üben und sich dabei die gewaltige Zugkraft des Wassers auf Meereswellen vorstellen, während diese immer weiter von der Meeresoberfläche emporsteigen und sich überschlagen, ehe sie wieder abwärts stürzen, werden Sie feststellen, dass die Übung Sie in keiner Weise erschöpft, sondern Ihnen vielmehr ein großartiges Gefühl von Leichtigkeit und neuer Energie gibt.

URDHVA DHANURASANA
Rückwärtsbeuge aus dem Stand

Bewegungen sind wie Wellen,
man muss mit ihnen schwingen.

SANDRA SABATINI

Kaum zu glauben, dass
Vanda Scaravelli schon
über achtzig war, als sie
mit Ehrfurcht erregen-
der Kraft und Energie
Urdhva Dhanurasana
demonstrierte.

DIE FÜSSE ~ Unsere Füße sind komplizierte Gebilde aus zweiundfünfzig kleinen Knochen, von denen jeder von vier Muskelschichten umgeben ist. Das Ganze ist eine wundersame Kombination von Stärke und Beweglichkeit, darauf ausgelegt, das Gewicht des gesamten Körpers zu tragen, ihn in Balance zu halten, in Bewegung zu setzen und als Stoßdämpfer zu dienen. Damit die Füße ihre Aufgabe wirklich erfüllen können, müssen sie kraftvoll, geschmeidig und elastisch sein, andernfalls überträgt sich ihre Schwäche über die Beine auf die Hüften und den ganzen übrigen Körper, wodurch der gesamte Organismus aus dem Gleichgewicht gerät. Yoga macht die Füße nach und nach lebendig. Die Zehen können sich wieder mit der Unabhängigkeit bewegen, die sie zum Zeitpunkt der Geburt einmal hatten, der Spann hebt sich, die Knöchel werden kräftiger. Auch spüren wir den Boden, der uns letztlich Halt gibt, hauptsächlich durch unsere Füße. Wenn wir fest auf unseren Füßen stehen, fühlen wir uns auf einer sehr grundlegenden Ebene sicher und zuversichtlich und erhalten so die Basis, von der aus wir aufrecht durch das Leben gehen. Die auf der vorangegangenen Seite beschriebene Art der Bewegung ist unerreichbar, ehe Sie nicht gelernt haben, eine starke Verbindung zwischen Füßen und Boden herzustellen.

Weshalb aber sind die meisten von uns so schlecht zu ihren Füßen? Jeder, der schon einmal unter einem eingewachsenen Nagel gelitten hat, weiß, mit welcher Selbstverständlichkeit wir unsere Füße die meiste Zeit betrachten, und wie eingeschränkt wir sind, wenn sie uns Probleme machen. Angesichts ihrer elementaren Bedeutung sollte man meinen, dass ein großer, breiter, muskulöser Fuß das höchste Schönheitsideal sein müsste, und doch war der Fuß schon immer Fetischobjekt und Opfer von Misshandlung. Der ideale Fuß ist klein, zart und weich, kein funktionierender Trampel. Das berühmteste und extremste Beispiel stammt aus China, wo man einst den Frauen die Füße bereits in frühester Kindheit einband, wodurch sie winzig blieben und bis zu einem Grad deformiert wurden, der für die Frauen eine schwere Behinderung darstellte. Durch die gesamte Geschichte hindurch waren kleine, weiche Füße das erotische Ideal und ein Symbol für gesellschaftlichen Rang, Lebensstil und Schönheit. »Ich liebe dich nicht, weil deine Füße zu groß sind«, heißt es in einem Lied. In der westlichen Welt – wo sich die meisten Menschen Schuhe leisten können – zwängen noch heute vor allem Frauen ihre Füße in zu kleine Schuhe. Sie pressen ihre Zehen in schmale Spitzen und balancieren ihr gesamtes Körpergewicht auf hohen Stilettoabsätzen, die sie dazu zwingen, beim Laufen das Gesäß herauszustrecken und die Hüften zu schwingen, was nicht nur eine unerträgliche Belastung für unsere Wirbelsäule und die Knie ist, sondern die Bewegungsfreiheit sowohl praktisch als auch symbolisch eindeutig einschränkt. Anthropologen möge man es nachsehen, wenn sie diese Diktate der westlichen Mode mit der einstmals unwürdigen Behandlung der Frauen in China gleichsetzen.

Aber es gibt auch noch viele Gegenden auf der Welt, vor allem in Kulturen, in denen das Barfußlaufen normal ist wie etwa in Indien, wo starke, sehnige und bewegliche Füße als schön gelten. Dies wird insbesondere in Buddha-Darstellungen deutlich, bei deren Betrachtung man meinen könnte, dass wahre Erleuchtung nur mit wunderbar breiten, geerdeten Füßen möglich ist.

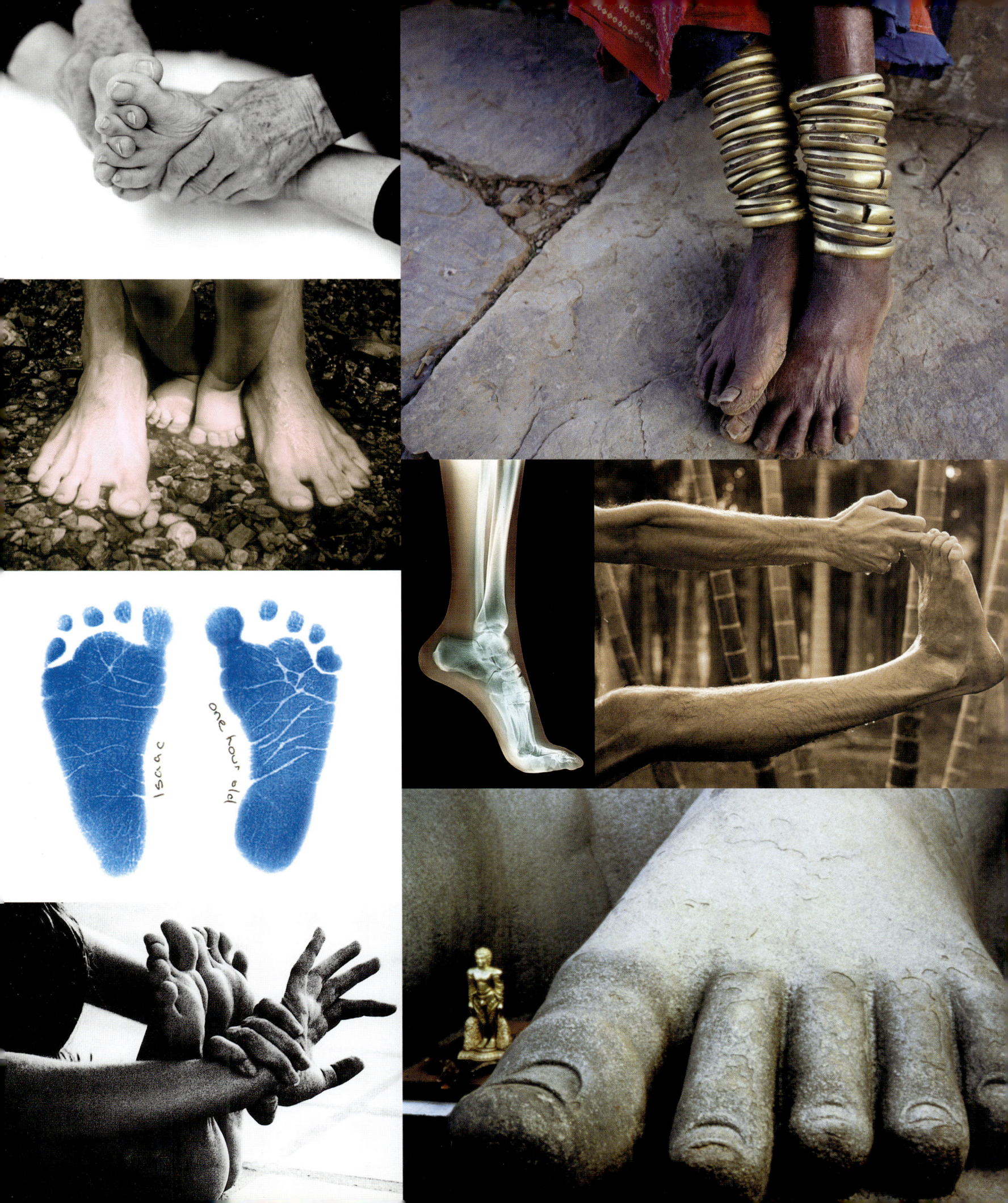

one hour old

Isaac

Beobachten Sie einmal einen Hund, der nach einem Schläfchen aufsteht und sich streckt. Er streckt die Vorderpfoten vor und das Gesäß in die Luft, wodurch er seinen gesamten Rücken dehnt. Mit anderen Worten: Er nimmt eine Haltung ein, die ganz ähnlich wie Svanasana aussieht. Die Bewegung erfolgt instinktiv und fließend. Betrachten Sie die Silhouette des Hundes. Solange er sich streckt und nicht entspannt, schiebt er seinen Brustkorb niemals heraus, sodass er nicht in Kontakt mit dem Boden kommt. Manche Menschen tun bei diesem Asana genau das, weil sie meinen, es wäre beeindruckend, wenn sie mit der Brust den Boden berühren. Aber darum geht es bei Svanasana nicht, denn sofern man nicht außergewöhnlich biegsam ist, verringert dies nur die mögliche Dehnung des Rückens. Füße und Handflächen sollten gerade und flach auf dem Boden ruhen und die Kniekehlen offen sein, um die Hüften zu verankern. Die Rippen bleiben vorn weich und die Schultern müssen entspannt und locker sein. Die Hund-Haltung gibt Ihnen Energie. Sie ist ein wunderbares Asana, um die Streckung vom Steißbein bis zum Nacken in einer Linie wirklich zu spüren, während Sie ausatmen und sich weiter und weiter dehnen. Sie eignet sich zudem sehr gut zum Aufwärmen, bevor man die Umkehrhaltungen einnimmt.

Oft streckt ein Hund sich beim Aufstehen mehrmals, zuerst wie beschrieben mit dem Kopf unten, dann aber verlagert er sein Gewicht auf die Vorderpfoten, um die untere Wirbelsäule und die Hinterbeine zu dehnen. Dies ist eine so intensive und lange Streckung der Wirbelsäule, dass sie zu einer kleinen Rückwärtsbeuge gerät, wie sie der Schakal oben mühelos demonstriert. Während man diese Haltung einnimmt, ist es wichtig, auszuatmen und den Bauch einzuziehen, um den Druck zu verringern, der durch das Überbeugen der Lendenwirbelsäule entsteht. Der Hund ist natürlich eine der Haltungen, die zu der Übungsreihe des Sonnengrußes gehören. Obwohl er sofort belebend wirkt, ist er auch sehr hilfreich, um Verspannungen im Nacken zu lindern, da der Kopf frei hängen kann und Hals und Gesicht sich entspannen, während die Brust sich öffnet und die Schultern locker werden. Aus diesem Grund eignet sich die Haltung gut als Anschlussübung an den Kopfstand oder wenn sich der Nacken steif anfühlt. Bei vielen sportlicheren Yoga-Arten dient Adho Mukha Svanasana als Vorbereitung für den Sprung in Chataranga Dandasana, aber es ist schade, es nicht um seiner selbst willen zu genießen, als wunderbare Streckung, die Beine und Rückseiten der Knöchel stärkt, die Brust dehnt, die Unterleibsmuskeln massiert und die Durchblutung von Kopf und Gesicht verbessert.

Wenn sich Hunde am Morgen strecken, vereinigt sich in dieser Bewegung eine mühelose Anmut mit einer ausgiebigen Dehnung der Wirbelsäule.

Salamba Sarvangasana wurde von den Weisen die »Mutter« oder »Königin« der Asanas genannt. Sie glaubten, dass diese Übung die weiblichen Eigenschaften Geduld und emotionale Stabilität entwickele und das Streben nach Harmonie im Körper, so wie eine Mutter innerhalb der Familie Harmonie anstrebt. Die Haltung wirkt verjüngend, massiert die Schilddrüse und stellt das Gleichgewicht wieder her, vor allem wenn man eine Weile in ihr verharren kann. Nach einem langen, anstrengenden Tag kann ein zehnminütiger Schulterstand wie ein Jungbrunnen wirken, sofern man in dieser Haltung nicht Nacken und Schultern verspannt. Salamba Sarvangasana ist eine ausgleichende Haltung für den Kopfstand und sollte stets nach dem Kopfstand durchgeführt werden, aber es ist auch ein Asana, das Anfänger einnehmen können, lange bevor sie den Kopfstand meistern.

Wichtig ist, dass der Körper gerade auf dem Boden liegt, ehe Sie in Salamba Sarvangasana gehen, und dass Nacken und Schultern weder angespannt noch zusammengedrückt sind. Lassen Sie Ihre Arme und Schultern vom Nacken her länger werden. Je mehr Zeit Sie damit verbringen, am Boden liegend zu atmen und lang zu werden, ehe Sie die Füße über den Kopf heben und die Beine strecken, desto besser. Wenn Sie sich dann im Schulterstand befinden, dürfen Sie niemals Ihren Kopf drehen oder ausrichten.

Nachdem Sie Ihre Beine angehoben haben, werden die Ellbogen Ihre Wurzeln. Während Sie Ihre Ellbogen und Schultern dem Boden übergeben, werden Sie spüren, wie die Schwerkraft Sie verankert. Je mehr Sie in Ihre Ellbogen ausatmen, desto weiter können Ihre Handflächen den Rücken hinaufwandern und desto höher können Sie die Vorderseite Ihres Beckens bringen. Dabei darf jedoch weder Druck auf den Nacken noch Anspannung im Kiefer entstehen. Wenn Sie senkrecht aufgerichtet sind und sich wohl genug fühlen, um ein wenig zu entspannen, versuchen Sie zu spüren, dass die Stelle, an der Ihre Hände Kontakt mit dem Rücken haben, ein Berührungspunkt zwischen zwei ruhenden Flächen ist, und nicht etwa der Rücken in die Hände drückt oder die Hände sich in den Rücken graben.

SALAMBA SARVANGASANA
Schulterstand

Am Ruhepunkt der sich drehenden Welt.
   Weder körperhaft noch körperlos;
Weder hin noch her; am ruhenden Punkt,
   da ist der Tanz,
doch weder Stillstand noch Bewegung.

THOMAS STEARNS ELIOT

URDHVA PADMASANA IN SARVANGASANA
Lotus-Rückwärtsbeuge im Schulterstand

Wenn Sie Salamba Sarvangasana mühelos beherrschen, können Sie durch Variationen dieser Haltung weitere Freiheit und Stärke erlangen. Eine der Variationen ist die Rückwärtsbeuge im Lotus. Bei richtiger Ausführung erreicht man durch sie einen Bereich der Wirbelsäule zwischen den Schulterblättern, der in anderen Haltungen nur schwer zu strecken ist.

Die Rückwärtsbeuge im Schulterstand kann entweder mit gerade gestreckten Beinen oder in Padmasana gemacht werden, wie hier gezeigt. Während das Kreuzbein in einer Hand ruht, können die Hüften sich vorn öffnen, sodass die Beine von der Mitte des Körpers fortstreben und die gesamte Wirbelsäule lang wird. Wie beim einfachen Schulterstand ist es wichtig, dass Schultern und Nacken sich nicht anspannen. Dieses Asana muss in beiden Richtungen wiederholt werden, wobei das rechte und anschließend das linke Bein zum Lotus gebeugt wird.

Für Anfänger ist es schwierig, selbst einen einfachen Schulterstand auch nur für kurze Zeit zu halten, weil ihnen zum einen die Kraft fehlt und es zum anderen eine Weile dauert, bis man lernt, in den Haltungen gleichmäßig zu atmen. Aber irgendwann werden die Asanas fließender und es gelingt, das Tun des Körpers und das Ein- und Ausfließen des Atems in einer Bewegung zu verbinden, und alles beginnt einfach zu wirken und sich leicht anzufühlen. Dann kann man die ganze Reihe der Schulterstandvariationen hintereinander ausführen.

Wenn der Schulterstand die Königin der Asanas ist, dann ist der Kopfstand der König und zugleich die wichtigste der Umkehrhaltungen. Einfach ausgedrückt ist der Kopfstand Tadasana kopfüber eingenommen und er sollte das gleiche Gefühl von Klarheit, Stabilität und Stärke vermitteln, wobei das Zentrum vollkommen auf der Rückseite des Körpers liegt und Brust und Bauch ruhig und weich bleiben. Zudem sollte die Übung ein Gefühl der Leichtigkeit und Befreiung hervorrufen, andererseits kann sie recht stimulierend wirken, weshalb ihr stets der entspannendere Schulterstand folgt.

Ich habe an Stunden teilgenommen, in denen der Schulterstand nicht dem Kopfstand folgte, und für mich steht fest, dass dies zu einem Ungleichgewicht führt. Für jede Haltung gibt es eine ausgleichende Haltung, die den Körper in entgegengesetzter Weise streckt oder ihn nach einer belebenden Bewegung beruhigt. Wenn dem Kopfstand kein Schulterstand folgt, werden Sie vielleicht unruhig und aggressiv.

Wie beim Schulterstand ist es wichtig, dass Sie langsam in den Kopfstand gehen und zunächst eine solide Basis schaffen. Die Unterarme werden auf den Boden gelegt, wobei sich die Ellbogen direkt unter den Schultern befinden, die Finger sind verschränkt, die Handgelenke berühren den Boden (nebenstehende Abbildung zeigt eine Variante, den später beschriebenen Dreipunkt-Kopfstand). Die so entstehende sichere Basis macht es möglich, dass Nacken und Schultern entspannen, die Arme sich von den Schultern fortstrecken können und das Gewicht mit jedem Ausatmen tiefer in die Ellbogen sinkt. Denn die Ellbogen sind bei dieser Haltung die Wurzeln und je mehr Gewicht in sie geht, desto freier wird der Nacken und desto mehr wird der Kopf bei der Streckung der Wirbelsäule von Druck entlastet.

Genau wie beim Schulterstand gibt es auch von dieser Übung zahlreiche Variationen wie Beinstreckungen, Drehungen und Rückwärtsbeugen, von denen viele sowohl im Lotus als auch mit geraden Beinen ausgeführt werden können. Alle sind insbesondere bei Knie- und Hüftproblemen hilfreich, da die Gelenke trainiert werden können, ohne dass Gewicht auf ihnen lastet.

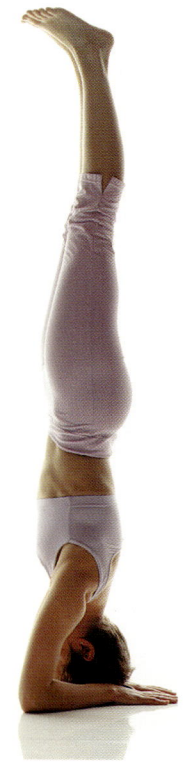

SIRSASANA
Kopfstand

Viele Yoga-Haltungen haben ihr Vorbild in den natürlichen Bewegungen von Tieren und sind nach eben diesen Tieren benannt, als hätten die Weisen Yoga-Treibende darin bestärken wollen, zu dem natürlichen Empfinden zurückzufinden, wie der Körper sich von innen nach außen bewegt. In Bakasana befindet sich die Basis in den Händen, deren Finger wie die Klauen des Kranichs gespreizt sind, und lang gestreckten, beinartigen Armen. Während die Handballen sich im Boden verwurzeln und die Arme sich strecken, wölbt sich die Wirbelsäule zum Körper des Vogels, wobei das Steißbein zum Boden zieht. Die Balance kommt mit einem kräftigen Ausatmen, während der Bauch eingezogen wird und die Knie die Arme umklammern. Stellen Sie sich beim Einnehmen dieser Haltung vor Ihrem geistigen Auge den Kranich mit seinen langen Beinen und seinem lang gestreckten Hals vor. Er ist anmutig und majestätisch.

Viele Yoga-Asanas können zu einer Übungsreihe kombiniert werden. Manche Reihen beginnen mit einfacheren Haltungen, die auf die später folgenden, technisch schwierigeren Übungen vorbereiten. Obwohl es hier nicht wichtig ist, die fortgeschritteneren Haltungen auszuführen, ist es doch interessant zu sehen, wie sich eine Reihe entwickelt. Bakasana ist Teil eines Zyklus, der in Tadasana beginnt. Dann werden die Knie gebeugt und das Gesäß senkt sich bis in die Hocke. In der Hocke werden die Hände mit gespreizten Fingern flach auf den Boden gelegt und die Knie außen gegen die

Oberarme gedrückt, sodass das Gewicht des Körpers von den Füßen auf die Hände verlagert werden kann und die Arme lang werden können. In der Kranich-Haltung angelangt, wird der Kopf vor den Händen auf den Boden gelegt und das Gewicht auf Hände und Kopf verteilt, dann werden die Beine zum Kopfstand gestreckt. Als abschließende Übung senkt man die Beine auf der anderen Seite des Kopfes wieder zu Boden, um Mandalasana einzunehmen. Besonders starke und geschmeidige Menschen kehren aus dieser Haltung mit einem kräftigen Ausatmen in Tadasana zurück. Diesen letzten Schritt des Zyklus können jedoch nur Menschen meistern, die lange Jahre regelmäßig Yoga praktiziert haben.

Wann immer man meint, ein Yoga-Asana zu beherrschen, erkennt man, dass es eine weitere Ebene gibt, auf der man arbeiten und lernen kann. Wenn Sie Bakasana aus dem Kopfstand meistern, probieren Sie Urdhva Kukkutasana. Hier werden die Beine zum Lotus verschränkt, ehe sich der Körper herabbiegt, damit die Oberschenkel wie in Bakasana auf die Oberarme gelegt werden können. Diese Haltung ist nach dem umherstolzierenden Hahn benannt.

BAKASANA
Kranich

LINKS: *Dieses Bild zeigt mit außergewöhnlicher Klarheit, wie in dieser Haltung die Hände zu Füßen werden.*

Erspüren Sie das ganze Gewicht des Körpers, das diese Brillenschlange am Boden zurücklässt, während sie sich aufrichtet, um ihre Beute zu schlagen.

Wiederum liegt das Geheimnis dieser Stellung in ihrem Namen. Sie brauchen sich nur eine kriechende Schlange vorzustellen, um die reptilhafte Bewegung zu verstehen, um die es bei dieser Haltung geht. In Vorbereitung auf Bhujangasana legen Sie sich flach auf den Bauch und spüren Sie diese wellenförmige Bewegung der Wirbelsäule, während sich der ein- und ausströmende Atem den Rücken hinauf- und hinunterbewegt. Greift die Kobra an, gibt ihr das Gewicht ihres am Boden zusammengerollten Körpers die Kraft, den übrigen Teil aufzurichten und den Kopf über ihre Beute zu erheben. Wie bei der Kobra muss auch Ihr Unterkörper beim Aufrichten schwer, regungslos und kraftvoll bleiben. Sie atmen aus und überlassen die Hände dem Boden, und während Sie Kopf, Nacken und oberen Rückenbereich in die Höhe recken, dehnt sich die Brust und die schwere Basis bleibt am Boden zurück. Wenn die Wirbelsäule lang wird, drückt das Steißbein nach unten und der obere Rückenbereich fühlt sich wunderbar frei an. Die Bewegung erfolgt langsam und geschmeidig, die Wirbelsäule bewegt sich als koordiniertes Ganzes. Falls Sie ein Kneifen im Kreuz spüren, ist dies ein Zeichen, dass Sie die Haltung erzwingen und Ihre Lendenwirbel schädigen.

Salabhasana, die Heuschrecke, ist der Vorläufer der Kobra und gleichzeitig die Rückwärtsbeuge, bei der der Körper am wenigsten bewegt wird und man Arme und Oberkörper nur ein wenig vom Boden abhebt. Wie die Kobra kann man diese Übung mit am Boden ausgestreckten Beinen ausführen oder aber man hebt die Beine an und lässt sie aus dem Kreuz heraus lang werden, was eine sehr intensive Streckung in beiden Richtungen bewirkt.

... erdig-braun, erdig-golden aus dem feurigen Innern der Erde ...
Er schaute umher wie ein Gott, mit leerem Blick, in die Ferne,
*   Und wandte langsam den Kopf,*
Und langsam, ganz langsam, wie im tiefsten Traum,
*   begann er seinen trägen Körper schlängelnd weiterzuziehen,*
und erklomm wieder den Schutthaufen meiner Mauerfassade ...
*   seine Schultern schlangenhaft bewegend.*

D. H. LAWRENCE

Vom Ägypten der Pharaonen bis zu den Wikingern Europas haben alte Kulturen diese belebende Haltung in ihrer Kunst verherrlicht, was einmal mehr beweist, dass der Yoga kein Monopol auf dergleichen Übungen hatte, sondern nur die natürliche Neigung des Menschen förderte, den Körper in Haltungen zu üben, die beruhigend oder belebend wirken.

So wie ein Bogen sich durch den Zug der an beiden Enden befestigen Bogensehne wölbt, biegt sich in Urdhva Dhanurasana der Rücken, da die Schwerkraft wie eine Bogensehne auf Hände und Füße wirkt und sie im Boden verwurzelt, wodurch die Wirbelsäule sich unweigerlich in einem Bogen nach oben streckt. Wenn man einmal gelernt hat, diese Übung in Einklang mit der Atmung auszuführen, dann ist das Einnehmen der Haltung in der Ausatmung so mühelos wie der Flug eines Pfeils durch die Schubkraft der Bogensehne und der Körper wirkt stark und frei. Die gesamte Bewegung ist fließend und anmutig, sie nutzt viel mehr die Schwerkraft, als ihr entgegenzuarbeiten.

Viele Menschen heben bei dieser Übung die Fersen vom Boden, drehen die Füße nach außen und drücken die untere Wirbelsäule zusammen. Die Füße müssen aber parallel zueinander fest auf dem Boden haften und die Knie dürfen nicht nach außen sinken. Der Körper muss sich zu einem ebenmäßigen Bogen wölben, Brustkorb und Hüften in einer Linie und die Wirbelsäule gleichmäßig gestreckt.

Wir alle sind viel zu oft zusammengekrümmt und vornüber gebeugt. Die Vorderseite unseres Körpers wird ständig stimuliert und von ihr aus orientieren sich die meisten von uns und beginnen ihre Bewegungen. Jung hat zwischen dieser Tatsache und der distanzierten Beziehung, die die meisten von uns zu ihrem Unbewussten haben, einen Zusammenhang gesehen, als er meinte, »Hinten« sei die Region des Unsichtbaren, des Unbewussten. Das Dehnen des Rückens wirkt so belebend, dass man möglicherweise nur schwer wieder zur Ruhe kommt, wenn Rückwärtsbeugen nicht durch Vorwärtsbeugen ausgeglichen werden.

Diese Bronzeskulptur aus der Wikingerzeit macht all die Freiheit und Freude deutlich, die Urdhva Dhanurasana schenkt.

URDHVA DHANURASANA
Bogen

Kapota ist die Taube und Rajakapota somit der König der Tauben. *Eka papa* bedeutet »ein Bein« oder »ein Fuß«. Dieses Asana ist ebenso anspruchsvoll wie schön und fängt vollendet das Wesen der stolzierenden Taube ein. Die Übung macht eine intensive Streckung der Wirbelsäule in einer Rückwärtsbeuge erforderlich, die die Brust dehnt. Eka Papa Rajakapotasana wird in einer Abfolge von drei Schritten eingenommen, während denen die Rückwärtsbeuge immer weiter intensiviert wird. Wichtig ist, dass man sich bei jedem Schritt wirklich sicher und frei fühlt, ehe man zum folgenden übergeht. Wie der persische Mystiker Rumi einmal so treffend sagte, erreicht man dies nicht durch zusätzlichen Kraftaufwand, sondern indem man im Körper selbst Balance und Harmonie findet.

Nehmen Sie sich für den ersten Schritt Zeit. Während Sie am Boden sitzend ein Bein vor dem Körper eingeschlagen und das andere gerade nach hinten gestreckt haben, spüren Sie, wie das Hinterbein lang wird. Achten Sie auch darauf, dass die Hüften parallel stehen und sich nicht drehen, während Sie das Bein nach hinten strecken. Wenn Sie im zweiten Schritt der Übung Ihren Rumpf noch gerader aufrichten, verlagert sich Ihr Zentrum der Schwerkraft direkt in das Steißbein. Dort befinden sich in Eka Pada Rajakapotasana Ihre Wurzeln und Ihr Steißbein muss sich beim Ausatmen kraftvoll zum Boden bewegen und das Becken schwer halten, damit die Wirbelsäule ausreichend lang bleibt, um sich ohne Kneifen biegen zu können. Durch das Anwinkeln des hinteren Beines im dritten Schritt sollte diese Verwurzelung der Basis noch verstärkt, nicht aber die untere Wirbelsäule zusammengedrückt werden. Erst wenn Sie in dieser Haltung vollkommen verwurzelt sind, atmen Sie wieder kräftig aus und strecken die Arme zurück, um den hinteren Fuß zu umfassen. Diese letzten Bewegungen bauen auf der in den ersten drei Übungsschritten

erlangten Erdung auf und geben der Wirbelsäule vollkommene Freiheit, sich zu dehnen. Da es sich um eine asymmetrische Übung handelt, muss sie nach einem Beinwechsel wiederholt werden.

Starke Rückwärtsstreckungen der Lenden- und Rückenwirbelsäule wirken sehr belebend. Sie stimulieren Schilddrüse, Nebenschilddrüsen, Nebennieren und Geschlechtsdrüsen und trainieren Nacken- und Schultermuskeln. Eka Pada Rajakapotasana sollte etwa in der Mitte einer langen Übungsfolge eingenommen werden, wenn der Körper bereits gut aufgewärmt, aber noch nicht müde ist. Kurz darauf muss stets eine lange, ruhige Vorwärtsbeuge wie etwa Paschimottanasana folgen.

EKA PADA RAJAKAPOTASANA
Taube

Der stolze Gang dieser Taube legt die Vermutung nahe, dass sie sich für eine Königin hält — ein Gefühl, das in der Yoga-Haltung vollendet eingefangen wird.

Binde zwei Vögel zusammen.
Sie werden nicht fliegen können,
obwohl sie nun vier Flügel haben.

JALALUDIN RUMI

Die Darstellung des Shiva Nataraja ist vielleicht das dramatischste Bildnis in der gesamten Kunst ... Mit seinen verfilzten, wild fliegenden Locken und seinen Armen und Beinen, die sich schnell und rhythmisch bewegen, tanzt Shiva nicht, um zu unterhalten, sondern um die Welt in seinen Tanz einzubeziehen und sie zum Wunder der Schöpfung erwecken.

BALRAJ KHANNA

NATARAJASANA

Herr des Tanzes

Die Befreiung des Oberkörpers (Hals, Nacken, Arme, Schultern und Rumpf), die durch das Annehmen der Schwerkraft im Unterleib (Beine, Füße, Knie und Hüften) entsteht, ist die Quelle der Leichtigkeit und Tanz ist ihr Ausdruck.

VANDA SCARAVELLI

Nataraja, Herr des Tanzes, ist ein Name Shivas, denn Shiva ist nicht nur der Zerstörer, sondern auch der Schöpfer. In ihm sind alle Kräfte der Natur vereint – er ist Herr des glückseligen Tanzes des Universums. Die Skulptur links zeigt das Universum als Flammenkreis, der die tanzende Gestalt umgibt. Der Zwerg unter den Füßen des Tänzers symbolisiert Unwissenheit, die Trommel in seiner erhobenen rechten Hand Zeit, und während Shiva sie schlägt, tanzt er in seinem endlosen Kreislauf der Zerstörung und Schöpfung.

All die Vitalität, Dramatik und Schönheit dieser Skulptur sind in dem Asana, das die Stärke der Krieger-Haltung mit der Anmut des Tanzes vereinigt, gegenwärtig. In seiner Wirkung auf den Körper ist es Eka Pada Rajakapotasana sehr ähnlich, und obwohl es den meisten Menschen leichter gelingt, ist es bei dieser Übung wichtig, sich in der Taille nicht zu biegen, sondern Raum zu schaffen, indem man den hinteren Oberschenkel von der Leiste fortstreckt und auf dem Standbein Stabilität und Kraft findet. Wie bei der Taube müssen die beiden Hüftknochen parallel bleiben. Bei der Weiterentwicklung dieser Haltung wird der Fuß mit beiden Händen gefasst und auf den Kopf gesetzt.

ARDHA MATSYENDRASANA
Drehung im Sitzen

Dieses Aquarell im europäischen Stil wurde vermutlich in den neunziger Jahren des achtzehnten Jahrhunderts in der indischen Stadt Lucknow gemalt. Es zeigt einen jungen Mann in einer der intensiveren Yoga-Haltungen, bei der die Wirbelsäule in einer Bewegung aus der Körpermitte heraus gedreht wird.

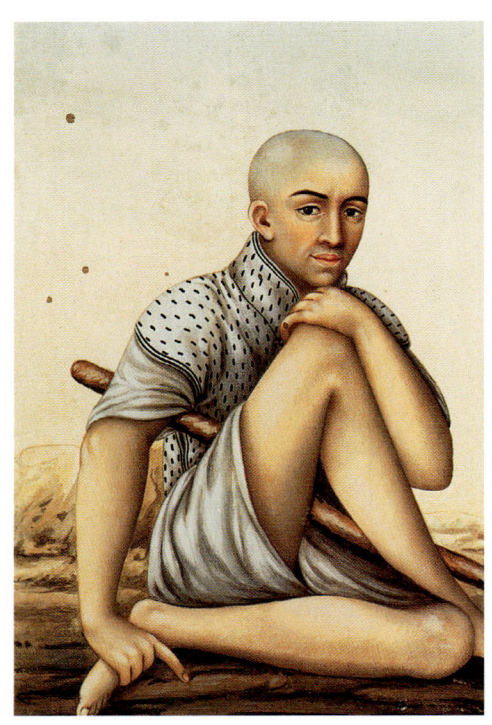

Das im europäischen Stil gemalte indische Aquarell aus dem achtzehnten Jahrhundert zeigt, dass die Praxis von Yoga-Asanas zum indischen Alltag gehörte und keineswegs den Asketen vorbehalten war, die auf der Suche nach Erleuchtung den Subkontinent durchwanderten. Da dieser junge Herr bei der Drehung im Sitzen gemalt wurde, muss sie zu den klassischen Yoga-Asanas gerechnet werden.

Wie die Legende erzählt, erklärte Shiva eines Tages auf einer einsamen Insel seiner Gattin Parvati die Geheimnisse des Yoga, als er einen Fisch bemerkte, der regungslos seinen Worten lauschte. Shiva sah, wie ruhig der Fisch war, und erkannte, dass dieser von ihm den Yoga erlernt hatte. Darauf besprengte er den Fisch mit Wasser und sogleich nahm dieser göttliche Gestalt an. So wurde er Matsyendra, der Herr der Fische, und verbreitete in der Folge die Weisheit des Yoga auf dem Subkontinent. Dieses Asana wurde nach ihm benannt.

Für alle Drehungen im Sitzen ist entscheidend, dass Sie spüren, wie beide Sitzknochen den Boden berühren, und dass Sie beim Ausatmen die Hüften gerade lassen, den Bauch nach hinten ziehen und sich mit der gesamten Wirbelsäule drehen. In ihrem Buch *Yoga and You* hat Esther Myers eine sehr hilfreiche Metapher für diese Bewegung gefunden. »Es ist wie beim Herausziehen des Korkens aus einer Flasche. Durch das Drehen schaffen Sie Raum und Öffnung.«

Wichtig ist, dass Sie nicht der Versuchung erliegen, das angezogene Bein gewissermaßen als Hebel zu benutzen, um gegen Ihren Arm zu drücken und die Wirbelsäule in eine Drehung zu zwingen. Wenn Sie dies tun, werden Sie früher oder später einen Wirbelsäulenschaden haben.

Die therapeutischen Wirkungen der Haltungen sind über Jahrhunderte von Lehrern weitergegeben worden und Drehungen wie diese sind besonders heilsam, da sie Leber und Nieren sanft massieren und außerdem Rückenproblemen, vor allem Hexenschuss, und Hüftschmerzen vorbeugen. Während einer Schwangerschaft sollten sie jedoch nicht ausgeführt werden.

Diese im Sitzen ausgeführte Vorwärtsbeuge gilt als »die Streckung des Westens«, da man in Indien zum Beten und Üben von Asanas traditionell das Gesicht dem Osten zuwendet, dem Land der aufgehenden Sonne. Daher versteht man unter »Westen« die gesamte Körperrückseite von den Fersen bis zum Scheitel wie auch Handrücken und Fingerspitzen. Eigentliches Ziel dieses Asanas ist es, die Bewegung des Atems im Rücken zu erleichtern.

In Paschimottanasana werden die beiden Sitzbeine, jene harten Knubbel, die Sie unter Ihren Hinterbacken spüren – zu Ihren Wurzeln. Unelastische Kniesehnen, unter denen im Westen vor allem viele Männer leiden, machen alle Sitzhaltungen, bei denen die Beine auf dem Boden ausgestreckt werden, extrem schwierig, und Paschimottanasana ist die reinste dieser Haltungen, da

sie keine Elemente enthält, die den Geist ablenken könnten. Wenn die Kniesehnen unelastisch sind, ist es praktisch unmöglich, den Rumpf vorzubeugen, ohne die Knie vom Boden zu heben. Dann machen viele den Fehler, sich ruckartig in die Vorwärtsbeuge zu zwingen und den Kopf mit Gewalt auf die Knie bringen zu wollen. Doch darum geht es bei dieser Stellung nicht. Wenn die Kniesehnen unelastisch sind, ist die alte Weisheit, dass man beim Yoga unendliche Geduld haben muss und keinen Ehrgeiz entwickeln darf, die absolute Voraussetzung, um bei dieser Übung weiterzukommen. Zunächst muss das Gewicht der Hüften Sie verankern, während Sie mit ausgestreckten Beinen dasitzen. Sollten Sie in diesem Stadium nichts als einen krummen Rücken zu Wege bringen, dann lehnen Sie sich auf Ihre Hände gestützt zurück und spüren Sie, wie die Hüften Sie nach

unten ziehen können, wenn die Muskeln im Rücken nicht gegen die Kniesehnen kämpfen, um Sie aufrecht zu halten. Sobald Sie ohne Probleme gerade sitzen können und sich in der Grundhaltung schwer fühlen, können Sie beim Ausatmen mit entspannten Schultern und flachem Rücken beginnen, sich nach vorn zu strecken und die Hüften hinter sich zu lassen. Strecken Sie sich, während Sie einatmen, nach oben und bewegen Sie sich vorwärts, wenn Sie mit dem Ausatmen länger werden. Schließlich wird Ihre Brust die Oberschenkel berühren und in dieser Haltung kann sich die Wirbelsäule mit jedem Ausatmen weiter strecken.

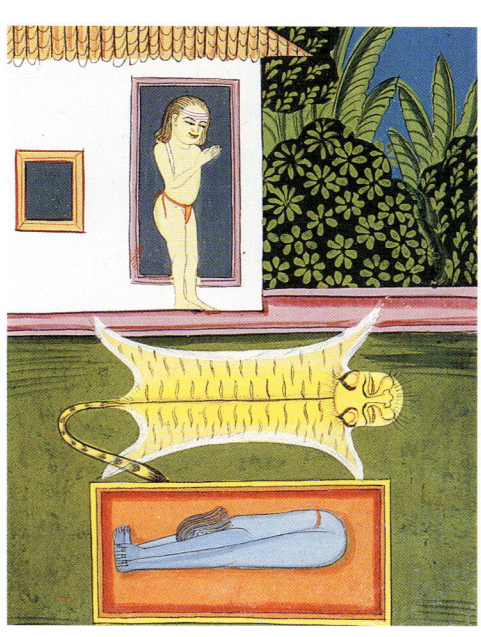

Übung macht den Meister. Diese Binsenweisheit gilt heute noch ebenso wie für Yoga-Treibende des siebzehnten Jahrhunderts.

Tag für Tag soll sich der Yogi in der Harmonie der Seele üben: an einem geheimen Ort, in tiefer Einsamkeit, als Herr seines Geistes, auf nichts hoffend, nichts begehrend.

BHAGAVADGITA

PASCHIMOTTANASANA
Muschel

KURMASANA
Schildkröte

Wenn man dieses Asana mühelos beherrscht, spürt man die offensichtliche Gelassenheit und Ruhe der Schildkröte sowohl im Geist als auch im Körper.

Dieses Asana ist Kurma gewidmet, einer der zehn Inkarnationen Vishnus, des Bewahrers des Universums. Nachdem bei einer gewaltigen Flut viele Schätze der Götter verloren gegangen waren, verwandelte sich Vishnu in eine riesige Schildkröte und tauchte auf den Grund des Ozeans, um sie zurückzuholen. Diese Übung wird in drei Schritten ausgeführt. Zunächst hat die Schildkröte Kopf und Gliedmaßen herausgestreckt. In Kurmasana werden die Beine über die Arme nach vorn gelegt. Im zweiten Schritt drehen sich die Handflächen nach oben, dann werden die Arme zum Rumpf geholt und nach hinten gestreckt. Der letzte Schritt, Supta Kurmasana, wird schlafende Schildkröte genannt, da er an eine Schildkröte erinnert, die Kopf und Gliedmaßen in ihren Panzer gezogen hat, wo ihr Geborgenheit und Ruhe sicher sind.

Wenn man dieses Asana einmal beherrscht, ist es tatsächlich eine friedvolle Ruhestellung, die die Nerven beruhigt und Wirbelsäule und Unterleibsorgane stärkt.

Es gehört zu den heiligen Asanas und das Einziehen von Kopf und Gliedmaßen symbolisiert den Rückzug von Sinnen und Emotionen.

Zunächst setzen Sie sich mit gespreizten Beinen hin und lassen den Rumpf zwischen die gebeugten Knie sinken. Dann schieben Sie die Arme unter die Knie und öffnen Ihren Brustkorb zum Boden, sodass Sie die Arme seitlich flach ausstrecken und die Fersen vor sich über den Boden schieben können, bis die Beine möglichst gerade liegen. In Supta Kurmasana drehen Sie die Arme und strecken sie nach hinten, um die Hände auf dem Rücken zu verschränken. Dann kreuzen Sie die Knöchel über dem Kopf und schieben den Nacken in den kleinen Raum unter den verschränkten Knöcheln. Diese Haltung ist nicht einfach, wenn Kniesehnen, untere Wirbelsäule oder Hüften schlecht beweglich sind, doch durch Übung kann sich dies recht schnell ändern. Die echte Schildkröte hat spezielle Muskeln zur Atmung entwickelt, da ihr Panzer keine Dehnung des Brustkorbs erlaubt.

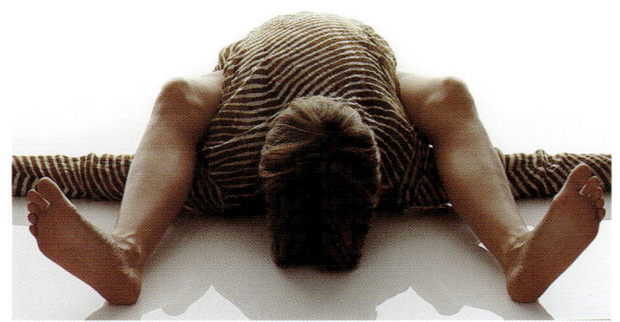

Wenn er zur Sammlung all seine Sinne
von den Verführungen der Sinnesfreuden abzieht,
gleich wie die Schildkröte all ihre Gliedmaßen einzieht,
dann steht ihm die hellste Weisheit zu Gebote.

BHAGAVADGITA

Es gibt ein Licht, das jenseits aller Dinge auf der Erde scheint,
jenseits des Firmaments, jenseits der höchsten Sphären.
Es ist das Licht, das in unseren Herzen scheint.
CHANDOGYA-UPANISHAD

Pandasana ist eine sehr sanfte Stellung, die viele bei ihren Yoga-Übungen zwischen anstrengenderen Asanas einschieben, um auszuruhen. Die Muslimin links, die in der Abgeschiedenheit ihrer Gartenterrasse in dieser Haltung betet, ist auch ein wunderbares Bild der Demut und Ehrfurcht, so allgemein gültig, dass sich vielleicht Menschen jeder Kultur darin wiederfinden können.

Pinda bedeutet im Sanskrit »Embryo«. Wenn ein Mensch die Embryohaltung einnimmt, begreifen wir dies als Wunsch nach Sicherheit und Geborgenheit. Damit ist der Geist dieser Stellung eingefangen, aber nicht erklärt, weshalb Pindasana so gut zum Ausruhen geeignet ist. Wenn wir Fotografien von Embryos in frühen Entwicklungsstadien betrachten, sehen wir, dass die Wirbelsäule der erste erkennbare Teil des Fötus ist, der sich entwickelt, und dies geschieht in dieser gestreckten Haltung, wobei sich die Wirbelsäule um die Vorderseite des Körpers biegt, um die lebenswichtigen Organe während ihrer Entwicklung zu schützen. Viele Kinder und selbst Erwachsene schlafen auch später noch in dieser Haltung, weil der Rücken so auf eine wunderbare Weise gefahrlos und bequem gedehnt werden kann. Da man im Westen nach den Kinderjahren kaum noch auf dem Boden sitzt oder kniet und deshalb viele Menschen steife Hüften oder Knie haben, kann diese Übung für sie anfangs schwierig sein. Im Osten stellt sich dieses Problem weit seltener, weil man dort auch heute noch sowohl kniend als auch mit gekreuzten Beinen auf dem Boden sitzt. Für alle Muslime gehört diese Verbeugung zu einer ganzen Reihe von Verbeugungen während des täglichen Gebets. Der Prophet Mohammed ermahnte seine Anhänger, das Gebet mit seiner Abfolge verschiedener Körperhaltungen, die dem Sonnengruß im Yoga nicht unähnlich ist, fünfmal am Tag auszuführen. Auch er muss gewusst haben, dass Geist und Seele nur wirklich gesund sein können, wenn sie in einem gesunden Körper wohnen.

In der Kind-Haltung ist es einfach, den Atem zu beobachten. Achten Sie darauf, wie sich Ihre hinteren Rippen beim Einatmen dehnen und spüren Sie, wie Nacken und Schultern sich entspannen. Mit jedem Ausatmen wird Ihre Wirbelsäule länger, während die Schwerkraft die Hüften nach unten zum Boden zieht und Sie loszulassen beginnen.

LINKS: *Dieses aus der indischen Stadt Lucknow stammende Gemälde aus dem neunzehnten Jahrhundert zeigt eine Dame in einer Pose, die zu einer Reihe von Haltungen beim muslimischen Gebet gehört. Diese Geste der Demut hat verblüffende Ähnlichkeit mit der Kind-Haltung, Teil jener Gebetsreihe im Yoga, die Sonnengruß genannt wird.*

PINDASANA
Kind

BADDHA KONASANA·
Schuster

Wie so häufig im Yoga sind die einfachsten Dinge am schwierigsten zu meistern.

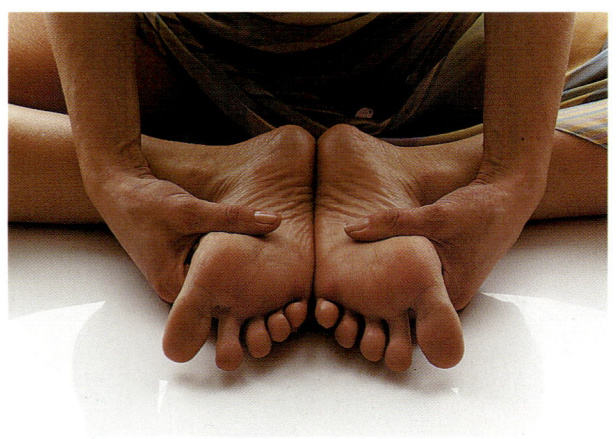

Dies ist eines der ältesten Asanas und bereits auf Siegeln aus dem Industal dargestellt, die auf etwa 2000 v. Chr. datiert werden. Im Westen bezeichnen wir es oft als Schuster oder Schneider, da man auf allen Märkten des Orients Schuhmacher, Schneider, Zeltmacher und andere Handwerker gleichermaßen in dieser Haltung sieht, während sie tagein, tagaus in ihren Werkstätten arbeiten. Im Sanskrit bedeutet *baddha* »gefangen« oder »gebunden« und *kona* »Winkel«.

In Baddha Konasana drücken die Fersen gegeneinander und die gebeugten Knie zeigen zur Seite. Die Hüften können so entspannen und das Becken ruht fest auf dem Boden. Für Menschen mit steifen Hüften ist es schwierig, diese Position einzunehmen, ohne den Rücken zu krümmen, und in diesem Fall ist es am besten, den Rücken während der Übung gegen eine Wand zu lehnen. Sobald Sie sich in Baddha Konasana wohl fühlen, öffnen Sie die Füße wie ein Buch und drehen die Sohlen zur Decke, als wollten Sie lesen, was auf ihnen geschrieben steht.

Schließlich ist die Grundhaltung so gut verwurzelt, dass die Beine leicht genug werden, um die Füße mit den Händen vom Boden zu heben und recht mühelos zur Brust zu führen. Bewegliche Füße sind im Yoga von größter Bedeutung. Falls die Füße steif und fest sind, ist auch die Funktion von Knien, Hüften und letztlich der unteren Wirbelsäule gefährdet. Zudem ist es unmöglich, bei Stehübungen gute Wurzeln zu finden, wenn die Füße nicht lebendig und geschmeidig sind.

Baddha Konasana regt die Durchblutung des gesamten Beckenbereiches an und hält Nieren, Prostata und Harnwege gesund. Aus diesem Grund wird die Übung vor allem bei Harnwegsleiden und Schwangerschaft empfohlen. Überdies gehört sie zu den Haltungen, die eingenommen werden können, wenn der Lotus Probleme bereitet, da sie Hüften und Lenden dehnt, ohne die Knie zu schädigen.

PADMASANA
Lotus

Die meisten Bilder und Skulpturen von Buddha und
anderen meditierenden Weisen zeigen diese klassische
Sitzhaltung. Sie ist die beste Haltung für Meditation und
Pranayama, da sie den Körper auf so natürliche Weise
verwurzelt und stabilisiert, dass die Wirbelsäule gar
keine andere Wahl hat, als sich von der Basis fort nach
oben zu strecken.

Die sich öffnenden Blätter einer Lotusblüte sind seit
langem ein Symbol für die Erfahrung der tiefen Meditation, bei der sich im Geist die Bewusstseinsebenen ent-
falten. Dies erklärt wohl, weshalb diese Haltung, die am
häufigsten zur Meditation eingenommen wird, diesen
Namen erhalten hat. Aber stellen Sie sich vor, dass sich
auch der Körper im Lotus aus einer starken, gelassenen
Mitte heraus wie eine Lotusblüte öffnet.

Nach der esoterischen Lehre des Hatha-Yoga ist das
Ziel aller Yoga-Praxis, die göttliche kosmische Energie
oder Kundalini, die, symbolisiert durch die Schlange,
zusammengerollt an der Basis der Wirbelsäule schläft, zu
erwecken und diese Energie durch *sushuma nadi*, den
zentralen Kanal in der Wirbelsäule, und durch die sechs
Chakras zu lenken. Wenn die erweckte kreative Kraft
dann das siebente Chakra am Scheitelpunkt des Kopfes
erreicht, führt sie eine Transformation des Bewusstseins
herbei, wie es heißt. Diese spirituelle Erfahrung ist so
intensiv, dass viele Gurus, Weise und Psychoanalytiker
vor den Gefahren gewarnt haben, die beim Versuch der
Erweckung der Kundalini drohen. Aber man braucht
nicht so weit zu gehen, um die wohltuende Wirkung des
Lotus auf den Körper zu genießen.

Dennoch ein Wort der Warnung. Wenn Sie steife
Hüften haben, wie viele Menschen im Westen, werden
Sie diese Haltung kaum einnehmen können, ohne Ihre
Knie zu schädigen. Zwingen Sie sich daher nie in Padmasana. Manche Menschen müssen jahrelang ihre Hüften, Knie und Knöchel in anderen Haltungen trainieren,
ehe ihre Gelenke beweglich genug sind, um gefahrlos
und bequem in den Lotus zu gehen.

PADMASANA

Lotus-Drehung

Wenn Sie den Lotus beherrschen, bieten sich Ihnen viele
Variationsmöglichkeiten. Sie können ihn zum Beispiel im
Kopfstand, im Schulterstand, in der Vorwärtsbeuge, in
Bauch- und Rückenlage oder auf einen Arm gestützt
einnehmen. Zudem kann er Ausgangshaltung für eine
einfache Drehung sein, denn da die Hüften durch die
verschränkten Beine fest verankert sind, kann die Wirbelsäule sich von einer sehr stabilen Basis aus sanft und
wirkungsvoll drehen. Wer dies lange Zeit geübt hat,
besitzt sehr bewegliche Füße, die als Hebel benutzt
werden können, um die Hüften unten zu halten und
die Bewegung zu erleichtern.

Surya Namaskar ist das alte Ritual zur Begrüßung der Sonne. Es gehört zu den bekanntesten Yoga-Übungsreihen und vereint in sich die Wohltaten von Asanas, Pranayama und Bandhas. Es gibt zahlreiche Variationen des Sonnengrußes, im Wesentlichen aber besteht er aus zwölf Haltungen für die Monate des Jahres, die in einem Tanz von Atmung und Bewegung ineinanderfließen, um der Morgensonne Ehre zu erweisen.

Begonnen wird in Tadasana, dem Berg, wobei die Hände in der Namaste-Haltung, der Geste des Grußes und Respekts, gefaltet sind. Sie atmen ein und heben die Arme über den Kopf. Dann atmen Sie aus und beugen sich hinunter in die Stehende Zange. Beim Einatmen strecken Sie ein Bein nach hinten und lassen die Hüfte nach unten sinken. Nun halten Sie den Atem an, bringen das zweite Bein nach hinten und strecken beide Beine durch, wobei der Rumpf fest ist und Handflächen und Zehen den Boden berühren. Nun atmen Sie aus und winkeln die Ellbogen an, bis Füße, Knie, Brust, Hände und Kinn sich vollständig auf dem Boden befinden. Dies ist der Höhepunkt der Übungsreihe und eine Geste der vollkommenen Unterwerfung und Demut. Am Ende des Ausatmens gehen Sie in die Kobra und atmen ein. Beim nächsten Ausatmen strecken Sie sich in den Hund, dann schwingen Sie mit dem Einatmen das Führungsbein wieder vor. Ausatmend ziehen Sie auch das zweite Bein vor und strecken die Knie, sodass Sie sich wieder in der Stehenden Zange befinden. Während Sie ein letztes Mal einatmen, senken sich Ihre Fersen und richten sich in Tadasana auf, die Arme über den Kopf erhoben, um einen großen Kreis zu beschreiben, der Ihre Hände in die Namaste-Haltung bringt. Nun beginnen Sie wieder von vorn, wobei Sie natürlich das Führungsbein wechseln. Erst wenn Sie die gesamte Übungsreihe zweimal ausgeführt haben, ist ein Zyklus des Sonnengrußes abgeschlossen. Traditionell wird er im Morgengrauen zwölfmal ausgeführt.

Einige Leute betrachten den Sonnengruß als die komplette Yoga-Praxis, und zweifellos handelt es sich mit seiner kontrollierten Atmung, Vorwärts- und Rückwärtsbeugen und belebenden und beruhigenden Haltungen um einen ausgewogenen Zyklus. Diese Übungsfolge sollten Sie perfektionieren, wenn Sie ein gutes Aerobic-Workout machen möchten, aber achten Sie darauf, dass Sie beim Schnellerwerden im Rhythmus Ihrer Atmung bleiben.

SURYA NAMASKAR
Sonnengruß

Wie war es ihm in der Seele, als er von der kahlen Spitze einer steilen Landzunge sah, wie die Sonne aufging und die Welt in Licht hauchte.

WILLIAM WORDSWORTH

SAVASANA

Leichnam oder Totenstellung

Zum Abschluss jeder Übungsfolge sollte Savasana eingenommen werden. Es ist nicht so einfach, wie es aussieht,
sich vollkommen dem Boden hinzugeben und entspannt
dazuliegen, aber wachsam auf die beruhigenden Schwingungen des Körpers zu achten. Es ist erstaunlich, wie oft
Leute Ausreden erfinden, um nicht an diesem letzten Teil
einer Yoga-Stunde teilnehmen zu müssen, andere entziehen sich ihm, indem sie einfach einschlafen.

Die tiefe Entspannung, die sich nach einer vernünf-
tigen Asanas- und Pranayama-Praxis nun einstellt, ist
gleichermaßen erfrischend wie belebend und sie sorgt
zudem dafür, dass Sie sich nach den aktiveren Asanas
nicht sofort in die Hektik des Alltags stürzen, wodurch
Yoga zu nichts weiter als einer Art Leibesübung würde.

In mancher Hinsicht ist Savasana eine Vorstufe zur
Meditation, da diese Haltung es notwendig macht, dass
Sie die Unruhe und Nervosität von Körper und Geist
hinter sich lassen und sich ganz Ihrer Atmung hingeben.
Während Sie flach auf dem Rücken liegen und die
Schwerkraft Sie immer weiter in den Boden zieht, lernt
Ihr ganzer Körper, sich zu entspannen. Wenn Ihr Geist
abschweift, können Sie ihn zurückholen, indem Sie
sich ganz auf den leichten Rhythmus der Atmung kon-
zentrieren.

*Auf dem Boden mit dem Rücken in voller Länge zu liegen wie ein Leichnam,
wird Savasana genannt. Das lindert die Erschöpfung, die von den anderen
Asanas hervorgerufen wird, und bringt dem Geist Ruhe.*

HATHA YOGA PRADIPIKA

Der Atem ist die Intelligenz des Körpers.

T. K. V. DESIKACHAR

PRANAYAMA IST DIE KONTROLLE DES ATEMS. Es dient dazu, den Körper in Harmonie zu bringen, den Geist zu beruhigen und letztlich tiefere Bewusstseinsebenen zu erreichen. *Prana* hat im Sanskrit vielerlei Bedeutungen. Das Wort steht nicht nur für Atem, sondern auch für Lebenskraft, kosmische Energie, Luft und Stärke, sodass es scheint, als würde Yoga nicht zwischen dem Atem des Individuums und der pulsierenden Energie des Kosmos unterscheiden. Auch unsere Sprache verbindet die Vorstellung von der Atmung mit dem Mysterium des menschlichen Seins – das Wort »Inspiration« ist ein Synonym für »Einatmung«.

Der Atem steht in enger Beziehung zu unserem Gemütszustand. Packt uns die Angst, wird er kürzer, sind wir angespannt, atmen wir weit oben im Brustkorb. Sind wir bange, wird er unregelmäßig, sind wir ruhig und gelassen, wird er sanft und gleichmäßig, konzentrieren wir uns intensiv, scheint er fast ganz zu verschwinden. Wenn uns Angst kurzatmig macht, sollten wir eigentlich in der Lage sein, ihrer Herr zu werden, indem wir bewusst tiefer und ruhiger atmen. Bei Patanjali heißt es, dass durch die Praxis von Pranayama Konzentrationsfähigkeit und Gedankenklarheit entwickelt werden. Andere haben dies auf einer tieferen Ebene interpretiert. In *Yoga. Unsterblichkeit und Freiheit* stellt Mircea Eliade fest, dass eine solche Kontrolle des Atems einem Menschen die Möglichkeit gibt, »in vollkommener Klarheit bestimmte Bewusstseinszustände zu erleben, die im Wachzustand unzugänglich sind … Indem er durch die Praxis von Pranayama den Rhythmus des Schlafes erreicht, dringt der Yogi in die Bewusstseinszustände ein, die mit Schlaf einhergehen, ohne sein Wachbewusstsein aufzugeben.«

Aus einem etwas anderen Blickwinkel nähert sich Andrew Weil dem gleichen Thema in seinem Bestseller *Heilung aus eigener Kraft*, in dem er sagt: »Wenn der Atem die Bewegung des Geistes im Körper ist, so ist die Arbeit mit dem Atmem eine Form der spirituellen Übung. Und das hat weit reichende Folgen für unsere Gesundheit und unser Heilungssystem, denn wie wir atmen, spiegelt zum einen und beeinflusst zum anderen den Zustand unseres Nervensystems.«

Pranayama ist ein Weg zu spiritueller oder mystischer Erfahrung, aber noch wichtiger ist, dass es auch ein Mittel ist, durch das wir unsere Füße fest auf den Boden setzen und eine solide Basis finden können, um selbstsicher durch das Leben zu gehen. Unseren ersten Atemzug machen wir in dem Moment, in dem unser Körper erstmals die Schwerkraft spürt. Von diesem Augenblick an ist unser Atem untrennbar mit unserem Empfinden unseres physischen Selbst und unserem Gefühl von Sicherheit verbunden. »Atmen ist der Schlüssel zur Erdung«, sagt Mary Stewart. »Jedes Ausatmen bringt Ruhe und Verwurzelung. Atemübungen sollten einfach, still und ruhig sein. Es geht hier um Realität, nicht um Träume. Es geht nicht um eine mystische Erfahrung. Atemübungen lehren Sie, im Augenblick zu sein.«

Das Leben des Yogi wird seit jeher nicht nach der Anzahl seiner Lebensjahre, sondern nach der Zahl seiner Atemzüge gemessen. Oder anders ausgedrückt: Wenn man die Rhythmen der Atmung kontrolliert und lernt, sie zu verlängern, hat man möglicherweise den Schlüssel zum Geheimnis langen Lebens gefunden. Tatsächlich sind viele der bekanntesten Gurus moderner Zeit sehr alt geworden. Krishnamacharya, einer der Väter des modernen Yoga, wurde einhundertundeins und lehrte noch bis sechs Wochen vor seinem Tod im Jahr 1989. Und Vanda Scaravelli war dreiundneunzig, als sie 1999 starb.

> *Der Geist kann auch durch das Ausstoßen und das Anhalten des Atems beruhigt werden.*
>
> PATANJALI

KRIYAS, BANDHAS & MUDRAS ~

Die *Hatha Yoga Pradipika* beschreibt sechs Reinigungsmethoden, so genannte Kriyas, wie auch Bandhas und Mudras, die alle zum Ziel haben, den Körper in Vorbereitung auf die Pranayama-Praxis zu entgiften und zu stärken.

KRIYAS ~ Kriyas sind Reinigungsriten, die ursprünglich zur Heilung von Krankheiten entwickelt wurden. Obwohl man sie im Westen nicht sehr häufig praktiziert und die meisten nur unter ärztlicher Aufsicht durchgeführt werden sollten, gibt es doch einfache Anleitungen wie etwa die Reinigung der Nasenhöhlen durch Inhalieren von Dampf, dem einige Tropfen Eukalyptusöl oder Ghee zugefügt wurden – ein ungefährliches, hilfreiches, universelles Mittel gegen Stirnhöhlenentzündung, Erkältungen, Husten und Bronchitis. Wer schon einmal seinen Kopf mit einem Handtuch bedeckt über eine Schüssel mit dampfendem Wasser, das ein wenig ätherisches Öl enthielt, gehalten hat, der weiß, wie wirkungsvoll diese einfache Therapie ist. Kompliziertere Kriyas, von denen keines ohne Aufsicht eines erfahrenen Lehrers durchgeführt werden sollte, sind: Dhauti – das Schlucken und Herauswürgen von sterilisiertem Musselin zur Reinigung des Magens; Nauli – ein rhythmisches Zusammenziehen der Bauchmuskeln, das die Verdauung anregt; Trakata – das Reinigen der Augen, indem man sie ohne Blinzeln auf einen Gegenstand konzentriert, bis sie müde werden oder zu tränen beginnen; Neti – zwei Methoden zur Reinigung der Nase, zum einen mit lauwarmem Salzwasser, zum anderen durch Einführen eines langen Fadens in ein Nasenloch, der den Rachen hinunter geschoben und aus dem Mund wieder herausgezogen wird; Basti – das Spülen des Darms mittels eines Einlaufs; Kapalabhati – eine Atemtechnik, um verbrauchte Luft aus den Lungen zu entfernen.

BANDHAS ~ Bandhas sind so genannte Muskelverschlüsse, die auf natürliche Weise entstehen, wenn Asanas mit der richtigen Kontrolle des Atems erlernt wurden. Sie schützen den Körper vor dem erhöhten Druck in Bauch- und Brusthöhle, der durch Pranayama verursacht wird, und helfen, den Fluss des Prana, der Lebensenergie, im Körper umzulenken. Das Wissen um ihre Funktion kann hilfreich sein, aber sie dürfen nie erzwungen werden.

Jalandhara Bandha ~ Bei Jalandhara entsteht ein Verschluss, indem Schulter und Nacken zusammengezogen werden und das Kinn zwischen den Schlüsselbeinen auf das Brustbein gedrückt wird. Dieses Bandha wird vor allem durch Üben des Schulterstandes erlernt. Es reguliert die Blutzufuhr zum Herzen und zum Gehirn und massiert Schilddrüse und Nebenschilddrüsen.

Uddiyana Bandha ~ Die meisten von uns haben vermutlich schon einmal Fotos gesehen, die die Ausführung dieses Bandhas zeigen. Hier werden die Bauchorgane nach hinten zur Wirbelsäule und nach oben zum Zwerchfell gezogen. Bilder von dem Popstar Sting, die ihn in dieser Haltung zeigen, und begleitende Texte über seine unglaubliche Potenz sind ausgesprochen irreführend. Tatsächlich stellt sich Uddiyana auf recht natürliche Weise ein, wenn man in einer Haltung, die die Streckung der Wirbelsäule erlaubt, tief atmet. Dies gilt insbesondere für den Kopfstand, bei dem die Schwerkraft die inneren Organe ohnehin nach oben zieht. Dieses Bandha stärkt und massiert alle Bauchorgane und tut dem Herzen sehr gut. Wie es in der *Hatha Yoga Pradipika* heißt, lässt es den »großen Vogel Prana« den Hauptkanal der Nervenenergie in der Wirbelsäule emporfliegen und es wirkt so verjüngend, dass B. K. S. Iyengar behauptet: »Wer es unaufhörlich nach Anweisung des Gurus oder Meisters übt, wird wieder jung.« (*Licht auf Yoga*, S. 401) Eine weitere Bestätigung dafür, dass die korrekte Praxis dem Yogi ein jugendliches Aussehen und ein langes Leben bescheren kann.

Das unvermeidliche Kommen und Gehen von Ebbe und Flut ist wie der natürliche Rhythmus des Atems.

Mula Bandha ~ *Mula* bedeutet »Wurzel«, »Ursprung« oder »Basis«. Bei Mula Bandha handelt es sich um eine Beckenbodenübung, die jede Frau vor und nach der Geburt eines Kindes machen sollte, um die durch die Niederkunft gedehnten Muskeln zu stärken. Diese Muskeln bilden unten im Rumpf eine Art Hängematte, die die Bauchorgane hält und das Schambein mit den Sitzbeinen, dem Kreuzbein und dem Steißbein verbindet. Der gesamte Bereich zwischen After und Hodensack oder Scheide und Beckenboden hebt sich, wenn der Unterbauch beim Ausatmen zum Kreuz hin eingezogen wird.

MUDRAS ~ Im Sanskrit bedeutet *mudra* »Gebärde«. In der Yoga-Praxis sind die Mudras eine Ergänzung der Bandhas. Sie vervollkommnen Energiekreisläufe, indem sie die Aufmerksamkeit auf einen bestimmten Punkt in oder auf dem Körper lenken.

Ein Beispiel für ein Mudra ist das ruhige Auflegen der Handflächen auf dem Rücken im Kopfstand und wie alle Mudras sollte es eine zutiefst beruhigende und zentrierende Gebärde sein. Zwei weitere bekannte Mudras sind Jnana Mudra und Kechari Mudra. Beim Jnana Mudra werden die Spitzen von Daumen und Zeigefinger zusammengeführt, während die drei anderen Finger geöffnet bleiben. Es wird traditionell in der Meditation verwendet, da es die Vereinigung der individuellen Seele mit dem Ewigen symbolisiert. Beim Kechari Mudra wiederum wird die Zunge zurückgerollt, sodass ihre Unterseite den Gaumen berührt.

DIE KUNST DES ATMENS ~

Die gewöhnliche flache Atmung unterscheidet sich von der tiefen Bauchatmung durch die Art und Weise, wie das Zwerchfell, der größte und vielleicht am meisten unterschätzte Muskel des Körpers, arbeitet. Beim Einatmen zieht sich das Zwerchfell zusammen. Während es flach wird, verringert es den Druck im Brustraum und zieht Luft in die Lunge. Beim Ausatmen entspannt es sich und kehrt in seine gewölbte Form zurück. Dadurch verkleinert sich der verfügbare Raum im Brustkorb und die Luft wird aus den Lungen gedrückt. Viele Erwachsene jedoch atmen flach in die Brust statt tief in den Bauch, wie es richtig wäre. Wird das Zwerchfell in der richtigen Weise an der Atmung beteiligt, wirkt es wie eine Pumpe, die die gesamte Durchblutung von Unterleib und Pfortader anregt.

In Pranayama gibt es drei Atemfunktionen: *puraka* – Einatmung, *rechaka* – Ausatmung und *kumbhaka* – Anhalten des Atems. Durch die Einatmung vergrößert sich der Brustraum und die Lungen füllen sich mit frischer Luft, wodurch der Körper mit Sauerstoff versorgt und der gesamte Organismus angeregt wird. Durch das Anhalten des Atems erhöht sich der Kohlendioxidspiegel im Blut, die Körpertemperatur steigt und die Sauerstoffaufnahme wird verbessert. Bei der Ausatmung kehrt das Zwerchfell in seine entspannte, gewölbte Form zurück und dabei wird die verbrauchte Luft aus den Lungen herausgedrückt.

Sie können Ihr Zwerchfell unterstützen, indem Sie beim Ausatmen Ihre Bauchmuskeln einziehen. Während sich dann Ihr Zwerchfell vollkommen entspannt, werden Sie am Ende jedes Ausatmens einen Punkt entdecken, an dem die Wirbelsäule sich natürlicherweise streckt. Um ihn wahrzunehmen, müssen Sie jedoch ruhig und aufmerksam sein. Und wenn Sie ihn spüren, genießen Sie ihn. Lassen Sie sich mit dem Einatmen Zeit. Warten Sie, bis es sich von selbst und in seinem eigenen Tempo einstellt, Ihre Lungen füllt und die Rückseite Ihres Körpers dehnt. Es kann hilfreich sein, beim Atmen an ruhige Wellen zu denken, die plätschernd ans Ufer schlagen. Beim Ausatmen visualisieren Sie die

Kraft der Flut, die das Wasser hinauszieht. Während Sie einatmen, ergießen sich die Wellen dann wieder über den Sand. Selbst das Geräusch, das sanfte Wellen bei ihrem Kommen und Gehen auf Sand oder Kies verursachen, ist den Lauten einer ruhigen Tiefenatmung nicht unähnlich.

Zwerchfell und andere Atemmuskeln können aber nur optimal arbeiten, wenn man richtig sitzt. Die Wirbelsäule und ihre Muskeln müssen eine Balance zu der Bewegung des Zwerchfells finden, damit die unteren Wirbel beim Ausatmen nach unten ziehen und die Wirbelsäule sich lockern kann. Das Becken darf weder nach vorn noch nach hinten gekippt werden, damit die Wirbelsäule von selbst mühelos Halt findet, ihre vier Krümmungen sich in einem natürlichen Gleichgewicht befinden und der Kopf schwerelos auf ihnen sitzt, während die Schultern entspannt sind und das Kinn nach innen gezogen ist.

Die klassische Sitzposition für Atemübungen oder Meditation ist der Lotus, da man in ihm auf ganz natürliche Weise in eine ausgewogene Haltung findet. Skulpturen des Buddha im Lotussitz lassen sie trügerisch einfach erscheinen, aber leider ist sie es nicht. Viele arbeiten Jahre lang, ehe sie längere Zeit bequem in Padmasana sitzen können. Alternativ können Vajrasana und Baddhakonasana eingenommen werden oder man setzt sich einfach aufrecht auf einen Stuhl und stellt beide Füße fest auf den Boden. Doch unabhängig von der Sitzhaltung gelten stets die gleichen Regeln. Da beim Einatmen die Schultern gern in die Höhe gehen, müssen Sie darauf achten, dass sie weich bleiben, und das Ausatmen nutzen, um sie wieder fallen zu lassen, wobei der Nacken sich weich und lang anfühlen sollte.

Die Atmung ist so eng mit unserem inneren Befinden verbunden, dass wir sie weder durch Willenskraft noch mit erzwungenem Tempo verändern sollten. Je heftiger wir uns in Pranayama anstrengen, desto flüchtiger wird der Atem. Am Ende lernen wir alle, dass wir die Atmung nur wirklich ändern können, indem wir ihr Aufmerksamkeit schenken. Indem wir sie beobachten.

PRANAYAMA-ÜBUNGEN ~

»So wie Löwen, Elefanten und Tiger sehr langsam und vorsichtig gezähmt werden, so sollte Prana sehr langsam und vorsichtig entsprechend den Fähigkeiten und körperlichen Begrenzungen unter Kontrolle gebracht werden. Sonst tötet es den Übenden.« Diese recht schreckliche Warnung der *Hatha Yoga Pradipika* spricht einen wichtigen Punkt an. Pranayama hat eine starke Wirkung und sollte nicht unvorsichtig betrieben werden. Es spricht nichts dagegen, sich die Regeln einfacher Tiefenatmung aus einem Buch selbst beizubringen, doch alle anderen Pranayama-Übungen sollten nur unter Anleitung eines erfahrenen Lehrers erlernt werden.

Ujayii ~ Einfache Tiefenatmung ~ Dies ist die einfachste der Pranayama-Übungen, und da sie ungefährlich ist, kann man sie sich selbst beibringen. Sie wird entweder auf dem Rücken liegend mit angezogenen Knien oder sitzend ausgeführt. Es geht darum langsam, rhythmisch und mühelos ein- und auszuatmen. Atmen Sie aus, ziehen Sie den Bauch ein und beobachten Sie, wie die Wirbelsäule sich streckt und Hüften und Schultern locker werden, wenn Sie am Ende der Ausatmung entspannen. Atmen Sie nicht sofort wieder ein, sondern warten Sie, bis dies von selbst geschieht. Langsam, aber sicher wird der Körper sich mit jedem Atemzyklus anpassen, während die Wirbelsäule sich bewegt und ihr eigenes Gleichgewicht zur Atmung findet. Auf diese Weise lehrt Ujayii die perfekte Sitzhaltung. Falls Ihnen dies hilft, zu einem regelmäßigen Atemrhythmus zu finden, zählen Sie beim Atmen ruhig und gleichmäßig. Im Laufe der Zeit wird die Atmung dann tiefer und langsamer werden. Doch stellen Sie nicht jeden Tag die gleiche Erwartung an Ihren Atem. Er ist die erste Körperfunktion, die auf Ihr Befinden reagiert.

Kapalabhati ~ Reinigende Atmung ~ Kapalabhati gehört zu den Kriyas und dient dem Freimachen der Nasenhöhlen. Es reinigt die Atem- und Nasenwege und hilft, Gase aus Magen und Darm zu entfernen. Zudem belebt es den Geist und verbessert die Konzentrationsfähigkeit. Bei der Kapalabhati-Atmung werden die Bauchmuskeln kräftig zusammengezogen, wodurch verbrauchte Luft durch die Nase herausgepresst wird. Danach erfolgt die sofortige Entspannung der Bauchmuskeln und frische Luft wird eingesogen. Diese Atemtechnik ist sehr wirkungsvoll und sollte nicht zu lange praktiziert werden. Wenn Sie sich anschließend in irgendeiner Weise »high« fühlen, haben Sie hyperventiliert. Menschen, die unter Augen- und Ohrenleiden beziehungsweise niedrigem oder hohem Blutdruck leiden, sollten auf diese Übung ebenso verzichten wie Schwangere.

Kumbhaka ~ Anhalten des Atems ~ Es ist einmal gesagt worden, der erste Hinweis, dass Yoga das menschliche Sein transzendieren kann, sei, dass man den Körper in eine Haltung bringt, die für einen normalen Menschen unmöglich einzunehmen ist, und dann in ihr verharrt – dass man also ein Asana ausführt. Auf die Pranayama-Praxis bezogen wäre das Anhalten des Atems der deutlichste Hinweis, denn es läuft auf die »Weigerung« hinaus, wie die Mehrheit der Menschen zu atmen, wie Mircea Eliade es ausgedrückt hat. Natürlich hören wir bei Kumbhaka nicht völlig auf zu atmen, doch wir halten den Atem für eine bestimmte Zeit an, die in strengem Verhältnis zur Dauer von Ein- und Ausatmung steht.

Bramari ~ Ausatmen mit Vibration ~ Bramari, auch der summende oder brummende Atem genannt (beim Ausatmen entsteht ein Laut, der dem Summen einer Biene ähnelt), gehört zu den wenigen Pranayama-Übungen, die Sie gefahrlos allein praktizieren können. Während Sie ausatmen, erzeugen Sie durch eine Vibration der Lippen einen summenden Ton. Während Sie ruhiger werden und das Summen stärker nach innen geht, können Sie spüren, wie es tief in Ihrem Brustbein vibriert und sich dann durch Ihren Körper die Wirbelsäule hinunterbewegt. Es ist eine beruhigende Übung, die sehr hilfreich für Anfänger sein kann, da der Ton davon ablenkt, was man beim Atmen alles beachten sollte und was nicht.

Wenn der Körper in stiller Beständigkeit ist,
atme rhythmisch durch die Nasenlöcher und
lass den Atem friedlich kommen und gehen.
Der Streitwagen des Geistes wird von wilden
Pferden gezogen und diese wilden Pferde
müssen gebändigt werden.

SVETASVATARA-UPANISHAD

MEDITATION ist eine armselige Übersetzung für das, was die Chinesen »still sitzen und nichts tun« (*ching-jing-wu-wei*) nennen. Taoisten und Buddhisten glauben, dass jeder Mensch mit einer kostbaren Perle ursprünglichen Geistes tief im Innern seines Wesens geboren werde und diese kostbare Perle ein Spiegel sei, der das gesamte Universum reflektiert. In Indien gibt es die Samadhi-Meditation, die »Beruhigung des Geistes«, die Hinduismus, Buddhismus und Jainismus gleichermaßen gemein ist. Sie gilt als entscheidender Teil der spirituellen Praxis, da durch sie die mentale Energie kanalisiert und der Geist völlig auf einen einzigen Punkt konzentriert werden kann.

Jede Kultur hat ihre Form der Meditation. Einfach dazusitzen und zu »sein« ist ein menschliches Bedürfnis. Wenn wir es ignorieren, gefährden wir uns dadurch selbst, aber die heutige westliche Lebensweise scheint diesem Verlangen wenig Spielraum zu lassen. Unsere überzogene analytische Betrachtungsweise von »Realität« und Erfahrung macht es vielen von uns schwer, das Wesen der Meditation zu erfassen, geschweige denn sie zu praktizieren. Dennoch haben Mystizismus und kontemplatives Leben im westlichen Christentum eine starke Tradition und heute beginnen immer mehr Menschen im Westen regelmäßig zu meditieren, da sie feststellen, dass ihr leistungsorientierter, materiell ausgerichteter Lebensstil ihnen keine Zufriedenheit gebracht hat. Es ist dieses »Sein-können«, dieses Zulassen, welches unsere Gedanken und Ängste zur Ruhe kommen lässt, das wir unbedingt lernen wollen.

Wenn Sie Yoga-Asanas und Pranayama praktizieren, führen früher oder später die Achtsamkeit und Ruhe, die sie bewirken, unweigerlich zur Meditation. Von Patanjalis achtteiligem Yoga betreffen die drei letzten »Glieder« die Meditation. Sie werden als der »innere Pfad« bezeichnet und unterscheiden sich dadurch von den ersten fünf, zu denen natürlich Asanas und Pranayama gehören. Diese letzten drei Stufen sind *dharana*, Konzentration; *dhyana*, Meditation und *samadhi*, Erleuchtung oder Versenkung.

MEDITATION

DHARANA ~ Die erste der drei Stufen des »inneren Pfades« besteht darin zu lernen, einfach dazusitzen und die Aufmerksamkeit auf den Augenblick zu konzentrieren. Das ist sehr schwierig. Anfangs scheint es unmöglich, auch nur eine oder zwei Minuten der Stille zu finden, in denen die Gedanken nicht wie üblich herumschwirren. Wie besessen scheint der Geist zu Alltagsproblemen, Zukunftsphantasien, Erinnerungen und reumütigen Gedanken an Vergangenes zurückzukehren. Wir sind in diesen Dingen dermaßen gefangen und so an sie gewöhnt, dass wir volle fünf Minuten äußerlich völlig still dasitzen können, ehe wir überhaupt bemerken, dass wir im Geiste wild umherrennen. Einfach nur schweigend dazusitzen kann immens schwer, unangenehm und für manche Menschen sogar bedrohlich sein.

In Dharana bedienen wir uns Hilfsmitteln, an denen der Geist sich festhalten kann, um die für die Meditation erforderliche tiefe Konzentration zu erlernen. Zu diesen Hilfsmitteln gehören Mantras, Yantras und das einfache Beobachten des eigenen Atems. Einige Lehrer empfehlen besondere Tageszeiten für die Meditation, doch die größte Schwierigkeit besteht darin, überhaupt die Disziplin aufzubringen, jeden Tag eine bestimmte Zeit zu reservieren. Gehen Sie die Sache langsam an. Nehmen Sie sich zweimal am Tag fünf Minuten Zeit, um einfach dazusitzen und zu atmen. Mit Hingabe werden sich daraus ganz selbstverständlich längere Phasen entwickeln, bis Sie vielleicht einen Punkt erreichen, an dem Sie eine halbe Stunde und länger meditieren können, ohne sich gewahr zu sein, dass die Zeit vergeht. Das Geheimnis der Meditation liegt in der täglichen Übung. Meditation können Sie nicht dadurch erlernen, dass Sie ein Buch lesen, wie sie Ihr Leben verändern wird.

Mantras ~ In seinem Buch *The Heart of Creation* sagt der Benediktinermönch John Main: »Indem Sie in der Meditation lernen, Ihr Mantra zu sprechen, lernen Sie zu vertrauen, zu sein. Das Schöne der Meditation besteht tatsächlich darin, dass sie ein Feiern des Seins ist, ein Feiern der schieren Freude darüber, das Leben als Geschenk zu empfangen und zu tun, was Blake ›die Freude im Fluge küssen‹ nannte. Gebet bedeutet nicht Besitz, nicht Kontrolle, sondern reines Feiern des Seins. Dies gelingt uns, weil uns die Meditation zur Mitte führt, zum ruhenden Punkt. In jedem Menschen gibt es einen ruhenden Punkt, der ich ist, aber nicht ausschießlich ich. Aus Ihrer Erfahrung in der Meditation werden Sie lernen, dass es nur eine Mitte gibt, die die Mitte aller Mitten ist. Diese Einsicht erlangen wir in der Meditation wiederum aufgrund unserer eigenen Erfahrung. Wir begreifen die tiefe Einheit des Seins, die Einheit, die in uns ist, und die Einheit, in der wir sind.«

Traditionell erhält ein Schüler sein Mantra von einem Lehrer. Es handelt sich um eine vertrauliche und heilige Vereinbarung zwischen beiden, die dazu dient, die Kette von Lehrer zu Schüler über die Generationen hinweg zu stärken. Der Schüler wird sein Mantra das ganze Leben von Beginn bis zum Ende der Meditation wiederholen. Zunächst dient es als Hilfsmittel, zu dem der Geist zurückkehren kann, wenn er abschweift. Tut er dies nicht mehr, sollen sich die Schwingungen des Wortes im Unbewussten verwurzeln. Das Mantra wird im Rhythmus des Atems wiederholt und möglichst auch im Rhythmus des Herzschlags. T. K. V. Desikachar erklärt in seinem Buch *The Heart of Yoga*: »Man muss das Wort Mantra richtig verstehen. Es ist kein hinduistisches Symbol, sondern viel universeller: Es kann den Geist eines Menschen auf eine höhere Ebene bringen. Töne besitzen eine große Macht. Die Stimme hat enorme Wirkung. Denken Sie nur daran, wie ein Redner eine Zuhörerschaft allein durch die Art, wie er spricht, gefangen nehmen kann. In unserer indischen Tradition haben wir diese Eigenschaften der Töne genutzt. In Indien verwenden wir Mantras, weil sie kraft ihrer religiösen Tradition für viele Menschen Bedeutung haben. Aber ich würde ein Mantra niemals wahllos benutzen. Wir können stets innerhalb der Tradition des Einzelnen arbeiten. Generell gilt jedoch, dass Töne einen mächtigen Einfluss auf uns haben können.«

Die meisten Rituale oder Methoden, die zur Veränderung des Bewusstseinszustandes entwickelt wurden, bedienen sich irgendwelcher Töne, seien es Chanten oder Trommeln. Übrigens ist

Ich schließe meine Augen, um zu sehen. PAUL GAUGUIN

RECHTS: *Das Gesicht dieses chinesischen Marmorbuddhas aus dem sechzehnten Jahrhundert hat einen so absolut friedlichen Ausdruck, dass auch wir bei der stillen Betrachtung näher zu den Sphären der Meditation gelangen. Wollte der Bildhauer mit seinem Kunstwerk eine Meditationshilfe ähnlich einem Mandala oder Yantra schaffen?*

auch das Jesusgebet, das in der orthodoxen Kirche gebetet wird, einem Mantra nicht unähnlich.

Unter den Mantras stellt die Silbe AUM oder OM für den Hindu alles dar. Es ist der Ton der Schöpfung, der Anfang und das Ende von allem und das älteste bekannte Wort für Gott. Durch die Geschichte der Menschheit hindurch war es Gottes Name, der in Zeiten der Krise und der göttlichen Inspiration angerufen wurde. Nehmen wir nur folgende Zeile aus dem Buch der Sprüche (18, 10): »Ein fester Turm ist der Name des Herrn, dorthin eilt der Gerechte und ist geborgen.« Die *Mandukya-Upanishad* sagt: »Aum steht für die höchste Realität. Es ist ein Symbol, für das, was war, was ist und was sein wird. Aum repräsentiert auch das, was jenseits von Vergangenheit, Gegenwart und Zukunft liegt.«

Yantras ~ Das Yantra ist eine Art visuelles Mantra, ein kompliziertes, aber hypnotisch wirkendes Bild, das in der Meditation betrachtet und verinnerlicht werden kann. Ein Yantra, in der tibetisch-buddhistischen Tradition Mandala genannt, stellt in geometrischen oder symbolischen Formen die verschiedenen Bewusstseinsschichten und das Prinzip der Schöpfung dar, ähnlich wie AUM im Klangbereich. Tatsächlich wird das geschriebene Symbol AUM ebenfalls als Mandala benutzt, wobei die drei Buchstaben für Schöpfung, Erhaltung und Zerstörung des Universums stehen. Jung betrachtete das Mandala als ein archetypisches Symbol, das das menschliche Streben nach Ganzheit repräsentiert. Dies deckt sich mit einer Beschreibung des Mandala, die von dem Anthropologen Fosco Maraini stammt: »Ein Mandala ist in seinem Kern eine ideale Konstruktion. Es kann

in den Sand gemalt, mit farbigem Pulver oder Blüten auf eine einfarbige Fläche gestreut, an eine Wand gemalt oder selbst dreidimensional als Skulptur oder Gebäude (Pagoden / Tempel) geschaffen werden. Bestimmte Städte wurden auf Grundlage eines Mandalas geplant – beispielsweise Peking und Kyoto.«

Auch hier lassen sich Parallelen zu anderen Traditionen finden. Nehmen wir beispielsweise die Verwendung von Ikonen in der orthodoxen Kirche.

DHYANA ~ Wenn man die Konzentration des Geistes beherrscht, erreicht man einen Punkt unerschütterlicher Ruhe, an dem der Geist nicht mehr abgelenkt werden kann. Dies ist Dhyana, Meditation.

SAMADHI ~ Samadhi ist das Ziel der yogischen Suche. Auf dem Höhepunkt der Meditation geht der Yogi in den Zustand des Samadhi oder der Transzendenz über, jenseits des Bewusstseins in die Glückseligkeit. In diesem Zustand ist er völlig wach, doch gleichzeitig nicht Teil dieser Welt. Man könnte den Zustand als Ekstase bezeichnen, aber das wäre gefährlich. Die Methoden der Meditation sind wirkungsvoll, doch in der falschen Absicht benutzt können sie zerstörerisch sein. Man denke an das »Chanten« des Pöbels und das Unheil, das es anrichten kann. Und vergessen Sie nicht, wie kontrollierte Atmung das empfindliche innere Gleichgewicht des Körpers durcheinanderbringen kann. Wenn Sie meditieren wollen, um seltsame Erfahrungen zu machen oder Macht zu erlangen, dann werden Sie eher in einer Psychose enden als an einem Ort der Klarheit und Balance.

RECHTS: *Dieses Mandala ist auch eine schematische Darstellung des Universums und seiner Himmelskörper.*

Der Friede Gottes, der alles Verstehen übersteigt.
BRIEF DES PAULUS AN DIE PHILIPPER (4.7)

Yoga ist die Kontrolle der Gedankenwellen im Geist.

PATANJALI

DIE WURZELN DES YOGA

Wenn man mich fragte, unter welchem Himmel der menschliche Geist am gründlichsten über die größten Probleme des Lebens nachgedacht und Lösungen für einige gefunden hat, die die Aufmerksamkeit selbst jener verdienen, die Plato und Kant studiert haben — würde ich nach Indien zeigen. Wenn ich mich selbst fragte, in welcher Literatur wir, die wir fast ausschließlich mit der Denkweise der Griechen und Römer und der Juden aufgezogen worden sind, vielleicht das Korrektiv finden, das so dringend notwendig ist, um unser Leben vollkommener, inhaltsreicher, allumfassender, ja menschlicher zu gestalten, ich würde wieder nach Indien zeigen.

FRIEDRICH MAX MÜLLER

NUR WENIGE LÄNDER können es mit der Größe und Vielfalt Indiens auf-
nehmen und in keinem anderen Land der Welt ist die Religion so eng mit
jedem Aspekt des Lebens verwoben. Indien ist ein riesiger Subkontinent der
Gegensätze, zugleich übervölkert und einsam, voller Reichtum und Elend,
hier mit flachen Ebenen, dort mit majestätischen Bergen, palmengesäumten
Stränden und heiligen Flüssen. Es ist ein lautes, ekzentrisches, buntes, geheim-
nisvolles Land voller Tempel, heiliger Stätten, Rituale, bezaubernder Musik,
Helden und Dämonen, Asketen und Suchender. Es ist Geburtsstätte zweier der
größten Weltreligionen, des Hinduismus und des Buddhismus, und einer der
stillsten, des Jainismus. Mehr als siebenhundert Millionen Menschen in Indien
sind praktizierende Hindus, doch daneben ist dieses Land auch die Heimat von
Millionen Muslimen, einer großen Christengemeinschaft, einer der wenigen
noch existierenden Parsen-Gemeinschaften, die dem Zoroastrismus anhängen,
sowie der vergleichsweise jungen Religion des Sikhismus.

In der indischen Mythologie galt der Himalaya stets als Wohnsitz der Götter
und im Schatten dieser Berge zwischen Indien und Tibet hat sich die Komple-
xität und Vielfalt der religiösen Kultur Indiens vielleicht stärker erhalten als
anderswo. Zwischen einsamen Bergketten, fruchtbaren Tälern und Dschun-
geln liegt das Katmandutal – der Spielplatz der Götter. Es ist nur einer der
Plätze, die Hinduisten und Buddhisten gleichermaßen *pithasthan*, »Kraftorte«,
genannt haben und an denen sich die geomantische Bedeutung mit Mythos,
Legenden und Aberglauben verbindet. Sie sind Zentren starker magnetischer
Kraft, die niemals deutlicher spürbar wird als an Festtagen, an denen die
Tempel von Gesang und Tanz und ausgelassenen Zeremonien vibrieren, wozu
immer noch Opferungen gehören.

INDIEN

In diesen Gegenden erinnern unbehauene Felsen und Findlinge an die Gestalten vertrauter Gottheiten wie den elefantenköpfigen Ganesha oder Symbole wie Shivas Lingam und sie sind Orte der Wallfahrt und Anbetung geworden. Tempel, Pagoden, Denkmäler und Schreine markieren Residenzen der Götter zwischen den Gipfeln der schneebedeckten Berge. Tausende frommer Pilger aus buddhistischen und hinduistischen Traditionen kommen seit jeher an diese besonderen Orte, um spirituelle Erneuerung und Erkenntnis zu suchen.

Mit seinen zahlreichen Göttern und vielen Formen der Anbetung, die von Region zu Region sehr unterschiedlich sind, ist der Hinduismus eine komplexe und widersprüchliche Religion. Alle Hindus glauben jedoch an Brahman, das Eine. Alles, was existiert, kommt aus Brahman und wird letztlich in es zurückkehren. Die vielen Götter und Göttinnen (nach einigen Schätzungen geht ihre Zahl in die Millionen) sind allesamt Manifestationen des Phänomens Brahman. Außerdem glauben Hindus gewöhnlich an einen irdischen Kreislauf der Wiedergeburt. Ihre Lehre besagt, dass man immer wieder unter Bedingungen geboren wird, die von dem Karma abhängen, das man in vorherigen Leben erworben hat. Wer ein *dharmisches* Leben führt – Dharma bedeutet angemessenes Verhalten – erhöht seine Chancen, im nächsten Leben in einer höheren Kaste und unter besseren Bedingungen wiedergeboren zu werden. Unrechtes Verhalten kann zu einer Wiedergeburt als Tier führen, doch nur als Mensch hat man die Chance, genügend Selbsterkenntnis zu erlangen, um dem Kreislauf der Reinkarnation zu entkommen und *moksha*, Befreiung oder Erlösung, zu finden. Ein Fundamentalist würde sagen, dass für Hindu-Frauen diese Möglichkeit nicht besteht. Sie können nur hoffen, das nächste Mal als Mann wiedergeboren zu werden. Die Hardliner sagen zudem, dass man nur Hindu sein kann, wenn man in Indien als Kind hinduistischer Eltern geboren wurde. Der Weg zur Selbsterkenntnis ist in heiligen Schriften niedergelegt, zu denen auch die *Bhagavadgita* gehört, die für die meisten indischen Schulkinder immer noch als Pflichtlektüre gilt. Wichtig sind Studium und die Praxis von Yoga, Meditation und Hingabe.

Viertausend Jahre hat Indien Invasionen, Hungersnöten, Verfolgungen und politischem Aufruhr getrotzt. Das moderne Indien ist immer noch ein Land von unendlicher Vielfalt. Moderne Technologie und Wandel haben Einzug in die Gesellschaft gehalten, und doch sind die uralten Wahrheiten, die ganzheitliche Sichtweise und die Essenz der indischen Philosophie so gegenwärtig wie eh und je, eine Tatsache, die die westliche Welt heute mehr denn je fasziniert.

Die Philosophie Indiens ist extrem komplex. Sie wurde in aller Gründlichkeit erforscht und analysiert, meist unter großen Schwierigkeiten, da in vielen Fällen weder die Verfasser der Schriften noch der genaue Zeitpunkt ihrer Entstehung gesichert sind. Selbst die Übertragung von Begrifflichkeiten aus Sanskrit und Pali in eine verständliche westliche Sprache führt zu Kontroversen unter Gelehrten, nicht zuletzt deshalb, weil es unter anderem sechs Grundsysteme – und unzählige Untersysteme – des Hinduismus, vier Hauptschulen des Buddhismus und zwei Schulen des Jainismus gibt, die alle bestimmte Begriffe in unterschiedlichen Zusammenhängen verwenden. Der Versuch, diese Problematik zu entwirren, würde den Rahmen dieses Kapitels sprengen, da es lediglich Yoga in seinen historischen und begrifflichen Kontext stellen will.

Die indische Philosophie beschäftigt sich hauptsächlich mit dem spirituellen Schicksal des Menschen, weshalb sie so eng mit der indischen Religion verknüpft ist und oft die Grenzen zwischen den Religionen, insbesondere zwischen Hinduismus und Buddhismus verschwimmen lässt. In den über Jahrtausende entstandenden indischen Schriften finden sich viele Hinweise auf Yoga als Pfad zur Wahrheit. Die Entwicklung der indischen Glaubenssysteme kann grob in vier Hauptperioden unterteilt werden: vedische Periode (etwa 2500 bis 600 v. Chr.), epische Periode (etwa 600 v. Chr. bis 200 n. Chr) Sutra-Periode (Ende der vorchristlichen und Anfang der nachchristlichen Zeit) und die Periode der Gelehrten, die nach Meinung mancher bis zum heutigen Tag fortdauert.

Es reicht nicht aus, die Wahrheit zu kennen; die Wahrheit muss gelebt werden. Das Ziel des Inders besteht nicht darin, die höchste Wahrheit zu kennen, sondern sie zu erkennen, eins mit ihr zu werden.

SARVEPALLI RADHAKRISHNAN

RECHTS: *In Indien können allein die Menschenmassen die Ehrfurcht erregende Geschichte der zahllosen Götter, Riten und Religionen dieses Subkontinents in Erinnerung rufen. Hier drängen sich hunderttausende Hindus in der im Bundesstaat Kerala gelegenen Stadt Trichur beim jährlichen Puram-Fest.*

Das schönste und tiefste Gefühl, das wir erleben können, ist das Mystische. Ihm entspringt alle wahre Wissenschaft.

ALBERT EINSTEIN

DIE VEDISCHE PERIODE, die mindestens bis in das Jahr 2500 v. Chr. zurückreicht, ist jene Zeit, in der arische Stämme (arisch leitet sich von einem Sanskrit-Wort ab, das »edel« bedeutet) aus Afghanistan und Zentralasien in den Nordwesten Indiens einsickerten und ihn zu ihrer neuen Heimat machten. Schließlich kontrollierten diese Stämme den gesamten Norden Indiens bis zum Vindhya-Gebirge und drängten viele der Urbewohner dieser Landstriche nach Süden ab. Die Invasoren brachten ihre Götter des Feuers und des Kampfes Agni und Indra mit wie auch ihre Sitte, Fleisch zu essen. In dieser Zeit entstanden die heiligen Schriften des Hinduismus, die Vedas, und das Kastensystem nahm feste Formen an, das die Arier von den heimischen Indern unterschied, deren Land sie erobert hatten.

Das Wort *veda* bedeutet »Wissen« und die vier Hymnen – *Rgveda*, *Yajurveda*, *Atharvaveda* und *Samaveda* – sind deshalb wichtig, weil sie die Anfänge der indischen Philosophie, wie wir sie kennen, darstellen. Die Vedas entstanden lange vor Einführung der Schrift in Indien und ihre Verse und Lieder spiegeln die verschiedenen religiösen und philosophischen Vorstellungen der damaligen Zeit wieder. Jeder Veda umfasst vier Teile, zu denen Hymnen und Gebete und Erörterungen über die Bedeutung von Opferriten gehören. In ihnen betrachtet der Mensch die Welt mit Ehrfurcht und Verwunderung. Er sucht nach Erklärungen für sein Leben und verehrt die Lebenskräfte der Natur: Sonne, Mond und die Elemente Erde, Wasser, Feuer und Luft. Die frühen Hymnen handeln von der Erschaffung der Welt und repräsentieren die älteren Philosophien, in denen es zahllose Götter und Göttinnen gab, wie Aditi, die die Grenzenlosigkeit des Universums und das Ewige symbolisierte, und später Varuna, der die kosmische Ordnung darstellte.

Das gesamte Universum ist stets in dieser Kraft. Er ist reines Bewusstsein, der Schöpfer der Zeit; allmächtig; allwissend. Unter seiner Herrschaft dreht sich das Werk der Schöpfung in seiner Evolution und wir haben Erde und Wasser und Äther und Feuer und Luft.

SVETASVATARA-UPANISHAD

Viele Gottheiten waren nach Naturphänomenen benannt. Indra und Agni wurden bereits erwähnt, andere Beispiele sind Surya, der Sonnengott, und Prthivi, die Erdgöttin. Hier findet sich der erste Hinweis von Gott als dem Schöpfer der Natur und der Natur als Gott selbst. Vom *Atharvaveda* mit seinen Zaubersprüchen und Opferriten heißt es, dass er die Anfänge der medizinischen Wissenschaft Indiens enthält. Als wichtigster der vier Vedas gilt jedoch der *Rgveda* mit seinen mehr als tausend Hymnen, da er das älteste Zeugnis für eine Entwicklung religiösen Bewusstseins darstellt. Er ist das Werk von Priestern voller Ehrfurcht vor der Unermesslichkeit und den Geheimnissen des Universums und so ganz anders als die knapp formulierten Gedankengänge der Upanishads, die von Philosophen verfasst wurden.

Man nimmt an, dass die vielen Hymnen des *Rgveda* über einen langen Zeitraum zusammengestellt wurden. Die späteren zeigen eine Entwicklung vom Polytheismus zum Monotheismus. Allmählich schien sich die Vorstellung durchzusetzen, dass es nicht viele Götter, sondern nur einen Gott gab, aber selbst dieses eine große Wesen wurde in den Schriften in Frage gestellt: »Der eine oder andere wird sagen, dass es keinen Indra gibt. Wer hat ihn gesehen? Wen sollen wir dann verehren?« Noch spätere vedische Philosophen befriedigte auch die Idee eines einzigen Gottes nicht völlig und sie suchten weiter nach dem, was sie für die absolute Wahrheit hielten. Schließlich löste die Lehre von dem unpersönlichen, unerkennbaren Einen, Brahman, dem Ursprung des Universums, und Atman, der Seele oder dem Selbst, das ältere Denken ab und wurde zusammen mit der Vorstellung von der Wiedergeburt das Thema der spätesten Schriften der vedischen Periode, der Upanishads.

Das Wort Upanishad setzt sich aus *upa*, »nahe«, *ni* »nieder« und *shad* »sitzen« zusammen und beschreibt bildhaft, wie Schüler sich einst um ihren Lehrer versammelten, um seine weisen Worte auswendig zu lernen. In den Upanishads tritt an die Stelle der Hymnen an die Götter und Göttinnen eine Suche nach der Wahrheit über die Schöpfung aller Dinge: »Aus Furcht vor wem brennt das Feuer, aus Furcht vor wem scheint die Sonne, aus Furcht vor wem verrichten die Winde, die Wolken und der Tod ihren Dienst?« fragt die *Tattiriya-Upanishad*.

Die weitaus intellektuelleren Upanishads beschäftigen sich mit dem Geheimnis des Todes und betonen die Einheit des Universums. Sie untersuchen die zukunftsweisende Idee, dass die Wahrheit in uns selbst liegt: *Tat tvam asi*, »das bist du«, eine These, die die

VORHERIGE DOPPELSEITE:
*Das Bild dieser Jungen,
die in Benares heilige Texte
singen, wirkt in einer Weise
glaubwürdig, wie es Yoga-
Klassen, die heute streng
nach Etikette in New York
Sanskrit-Fetzen chanten,
ganz abgeht.*

Theosophen für sich vereinnahmt haben. Sie heben die Bedeutung von rechtem Handeln und Weisheit hervor und verdammen den bequemen, engstirnigen Pfad als Weg zur Unzufriedenheit. Es liegt beinahe ein praktischer Aspekt in ihnen und in mancher Weise künden sie die Sprache der *Bhagavadgita* an. Sie sprechen von der Wichtigkeit eines inneren Weges der Selbsterkenntis und dass die Mittel zur Erlangung der höchsten Realität und Unsterblichkeit sich nur durch Disziplin, Ausdauer und eine Reise nach innen finden lassen. Hier taucht das Wort »Yoga« als der Weg nach vorn auf: »Wenn die fünf Sinne und der Geist still sind und der Verstand selbst in Schweigen verharrt, dann beginnt der höchste Pfad. Diese gelassene Ruhe der Sinne wird ›Yoga‹ genannt.« (*Katha Upanishad*).

Die *Mandukya-Upanishad* beschäftigt sich mit der bekannten Theorie von den vier Bewusstseinszuständen Wachen, Träumen, Schlafen und einem Tiefschlafzustand des Allwissens, des höheren Bewusstseins – ein vertrautes Terrain für jene, die heute Transzendentale Meditation erlernen. In dieser Abhandlung wird die Macht und die mystische Bedeutung von AUM erklärt, dem im Hinduismus so sehr verehrten Symbol: »AUM, diese Silbe ist die gesamte Welt. Die Vergangenheit, die Gegenwart, die Zukunft – alles ist einfach das Wort AUM.«

Die Namen der Weisen, die die Upanishads verfassten, sind nicht bekannt. Elf der Lieder wurden später von dem Weisen Shankara ausgelegt, einem eigenständigen Denker, dessen Schriften die Basis der vedantischen Lehre bildeten. Die Entstehung der Upanishads ist schwer zu datieren, aber man nimmt an, dass sie um das achte und siebte Jahrhundert v. Chr. verfasst wurden. Sie sind Grundlage für Ideen, aus denen später die sechs orthodoxen Systeme des Hinduismus, unter ihnen der Yoga, entwickelt wurden sowie die nicht brahmanischen Religionssysteme wie Jainismus und Buddhismus, die nach der epischen Periode entstehen sollten.

Solltest du wirklich deine Augen öffnen und sehen, du würdest dein Bild in allen Bildern erblicken. Solltest du wirklich deine Ohren öffnen und lauschen, du würdest deine eine Stimme in allen Stimmen hören.

KHALIL GIBRAN

Begierden, die der Wunsch erzeugt, aufgebend
all ohn' Unterschied. Die Schar der Sinne mit
Vernunft im Zaume haltend allerwärts;
Werd langsam, langsam ruhig man und mit
standhaft gewordnem Geist versenke man sich in
das Selbst und denke an nichts andres mehr.

BHAGAVADGITA

DIE EPISCHE PERIODE, die ungefähr 600 v. Chr. begann und bis etwa 200 n. Chr. dauerte, verdankt ihren Namen den beiden großen epischen Schriften dieser Zeit, dem *Mahabharata*, zu dem auch die *Bhagavadgita* gehört, und dem *Ramayama*. Beide Werke sind eine faszinierende Mischung aus Geschichte, Mythologie, Politik, Philosophie und Theologie und aus ihnen wird deutlich, dass nun eine Zeit begonnen hatte, in der Philosophie und Religionslehre in leicht verständlicher Weise dargestellt und vom Volk aufgenommen wurden. Zwangsläufig entstanden viele Varianten beider Geschichten, da ein Teil ihres Reizes darin lag, dass sie beim Erzählen abgewandelt werden konnten, um sie der jeweiligen Zuhörerschaft zeitnah und aussagekräftig zu präsentieren. Das *Mahabharata* ist ein stark politisch geprägtes Werk und man glaubt, dass es eine Art Manifest für die Klasse der Herrschenden und Krieger darstellte, da es die Taten ihres Lieblingsgottes Krishna behandelt, der Macht verkörperte und das »rechte Handeln« legitimieren konnte. Oberflächlich betrachtet scheint das Gespräch zwischen Arjuna und Krishna in der *Bhagavadgita* den politischen Krieg zu verzeihen und sogar gutzuheißen. Das *Mahabharata* gilt überdies als das längste literarische Werk der Welt und ist achtmal länger als Griechenlands Epen, die *Ilias* und die *Odyssee*, zusammen genommen.

Die alte Kunst des Geschichtenerzählens ist heute weitgehend durch Film und Fernsehen verdrängt worden. Ein gutes Beispiel ist Peter Brooks Verfilmung des *Mahabharata*, die vor allem wegen ihrer epischen Länge bekannt ist. Dennoch sind für die meisten Inder Dramatik und überwältigende Eindrücklichkeit der Geschichten nicht verloren gegangen, da sie immer noch mit der *Bhagavadgita* aufwachsen, und achtzig Millionen Inder schalteten ein, als in den achtziger Jahren des vergangenen Jahrhunderts das *Mahabharata* vom indischen Staatsfernsehen als Serie ausgestrahlt wurde.

Diese Darstellung einer Szene aus der Bhagavad- gita, *dem großen Epos Indiens, zeigt Krishna im Gespräch mit Arjuna.*

Wer sich selbst kennt, kennt Gott.

DER PROPHET MOHAMMED

Das *Mahabharata* erzählt die Geschichte eines Kampfes zwischen zwei rivalisierenden Königen, und obschon sie den Kampf zwischen den Mächten des Guten und des Bösen symbolisiert, gibt es Grund zu der Annahme, dass sie auf historischen Fakten basiert. Dennoch war die Sanskrit-Literatur nie um historische Genauigkeit bemüht, sondern stets von Romantik, Idealismus, praktischen Weisheiten wie auch spirituellem Wissen geprägt. Die Epen boten einen Rahmen, um philosophische Ideale durch Figuren darzustellen, damit die zugrunde liegenden spirituellen Botschaften leichter verstanden und im Gedächtnis behalten werden konnten.

Das *Mahabharata* besteht aus achtzehn Büchern und etwa einhunderttausend Versen. Die *Bhagavadgita*, die häufig auch der fünfte Veda genannt wird, ist nur eines dieser Bücher. Ihr Titel wird als »Lied der Gottheit« oder »Gesang des Erhabenen« übersetzt. Sie ist eine der wichtigsten und maßgeblichsten Schriften der yogischen Philosophie und hat zudem seit jeher großen Einfluss auf das indische Denken und Leben gehabt. Während die übrigen Bücher des Epos den großen Krieg behandeln, erzählt die *Bhagavadgita* von einem Gespräch zwischen dem Krieger Arjuna und Krishna, einer Inkarnation Brahmans, der seinem Sohn und Schüler in menschlicher Gestalt erschienen ist. In den Upanishads wird Krishna durch die abstraktere Vorstellung von Brahman als absolute Realität und Arjuna als die innere Wahrheit von Atman, die Seele oder das Selbst, dargestellt.

Zu beiden Seiten des Schlachtfeldes sind berühmte Krieger versammelt, als Arjuna, der beste Bogenschütze der Welt, sich plötzlich klar wird, dass er gegen Lehrer, Freunde und Verwandte aufgestellt wurde, von denen er wahrscheinlich viele töten wird. Er bekommt es mit der Angst zu tun, droht in letzter Minute zu verweigern und bittet seinen Lehrer Krishna um eine Erklärung, wie die schrecklichen Folgen des Krieges gerechtfertigt werden können: »Soll ich meine eigenen Meister töten, die, obschon begierig auf mein Königreich, doch meine heiligen Lehrer sind?« Krishnas Antwort ist in diesen Zeilen zusammengefasst: »Wenn ein Mensch erkennt, dass der Gott in ihm selbst der gleiche Gott wie in allem ist, verletzt er sich nicht selbst, indem er andere verletzt: Dann geht er zum höchsten Pfad.«

»In der *Bhagavadgita*«, so argumentiert Juan Mascaro, Universitätsdozent in Cambridge, der zwanzig Jahre an ihrer Übersetzung arbeitete, »wird Arjuna zur Seele des Menschen und Krishna zum Wagenlenker der Seele, der ihr zeigt, wie rechtes Streben zum Nirvana führt.« Es ist ein Kampf um das himmlische Königreich, das zugleich das Königreich der Seele ist.

Im Laufe der achtzehn Kapitel, aus denen diese spirituelle Abhandlung besteht, nimmt Krishna seinem Schüler Arjuna nacheinanderund seine Zweifel, und zwar bezüglich seiner Angst vor der Sterblichkeit, bezüglich seiner Entscheidungen, wie er sich verhalten soll, bezüglich der Bedeutung eines reinen Herzens in allem Tun und bezüglich der Auslegung des Yoga. Dabei werden immer wieder drei Schlüsselthemen behandelt: *jnana*, das »Licht des Wissens«, *bhakti*, »Liebe« oder »Hingabe« ohne Begehren, und *karma*, Leben und »rechtes Handeln«. Aus ihnen entwickelten sich drei der vier »Pfade des Yoga«. Raja, der vierte Pfad, ist am schwersten zu definieren. Er wird zwar in der *Bhagavadgita* erwähnt, in der Erzählung spielt er jedoch keine so zentrale Rolle wie die anderen drei Pfade und für die Entwicklung der Yoga-Philosophie bekommt er erst mit dem Erscheinen von Patanjali Bedeutung.

Ein weiteres wichtiges Thema in der *Bhagavadgita* ist die Meditation. Darin unterscheidet sie sich von den Vedas und Upanishads, die das Gewicht auf die Bedeutung von Zeremonien legen. Zu Zeiten der epischen Periode ist es das innere spirituelle Leben, das als Weg zur Freude gilt. Dennoch ist die *Bhagavadgita* in weit stärkerem Maße ein praktischer Ratgeber für die Lebensführung als jede ältere Schrift. Immer wieder wird uns gesagt, dass wir durch Selbstkontrolle und Harmonie, selbstlose Werke und Hingabe zu Gott, Glückseligkeit, Glück, Unsterblichkeit oder Zufriedenheit gelangen können. »Wer mäßig isst und sich erholt, mäßig wirkt in Handlungen, mäßig im Schlaf und Wachen ist, hat Andacht, die den Schmerz zerstört.« Der Geist dieser Botschaft hat wenig mit der Auslegung mancher Yogis von Selbstkontrolle zu tun, die exzentrische und exhibitionistische Praktiken pflegen und sich beispielsweise mit Fleischhaken an Bäumen aufhängen, sich auf Nagelbretter legen oder ihre Arme jahrelang in die Luft strecken. Die grundlegende, immer gültige Botschaft der *Bhagavadgita* ist Hoffnung.

Ungeachtet ihrer Großartigkeit ist die *Bhagavadgita* nur ein, wenn auch herausragendes Beispiel für eine Fülle philosophischer Werke aus dieser Zeit und man kann fast mit Sicherheit sagen, dass weit mehr Texte geschrieben wurden, die nicht bis in die Gegenwart überlebten. Aus diesen spirituellen und philosophischen Visionen, die sich über die Jahrhunderte entwickelten, entstanden die fünf Schulen des orthodoxen Hinduismus und die anderen nicht orthodoxen Systeme, namentlich Buddhismus und Jainismus.

»Wann immer sein schwankender Geist unstet umherschweift, sollte er ihn zügeln und unter Kontrolle bringen.« Die Worte Krishnas aus der Bhagavadgita *kamen L. N. Agarwal in den Sinn. Aber ihnen folgte sofort Arjunas menschlicherer Ausruf: »Krishna, der Geist ist wankelmütig, gewalttätig, stark und störrisch. Ich kann ihn ebenso schwer festhalten wie den Wind.«*

VIKRAM SETH

*Indische Miniaturen zeigen
die Symbolik, die den Kern
der Bhagavadgita bildet.
Arjuna repräsentiert die
Seele und Krishna ist als
sein Wagenlenker darge-
stellt, der ihn auf den Weg
des »rechten Handelns«
lenkt.*

Spirituelle Dichtungen finden sich in vielen Kulturen. Da sind das chinesische Tao, die Weisheit des Konfuzius, die großartige Dichtung des Koran, die Psalmen, die Sikh-Schriften, buddhistische Gebetsformeln und Shinto-Poesie. Alle preisen den Ruhm Gottes, die Schönheit des Kosmos und die Bedeutung bedingungsloser Liebe. Die *Bhagavadgita* gleicht darin in starkem Maße der christlichen und buddhistischen Denkweise und wirkt außerordentlich modern. Aus diesem Grund ist sie für viele Inder, Buddhisten und neuerdings auch Menschen im Westen eine Art Bibel geworden und wird heute häufig in der modernen Literatur zitiert.

Das *Ramayama* entstand in den ersten nachchristlichen Jahrhunderten und soll weitgehend das Werk des Dichters Valmiki sein. Wiederum handelt es sich um eine lange, verwickelte Geschichte mit vielen Variationen, die in groben Zügen folgenden Inhalt hat: Der kinderlose König von Ayodhya ruft die Götter an, ihm einen Sohn zu schenken, und seine Frau gebiert einen Jungen, Rama, bei dem es sich in Wirklichkeit um eine Inkarnation des Gottes Vishnu handelt. Als Rama erwachsen ist, gewinnt er bei einem Wettstreit die Hand der wunderschönen Prinzessin Sita und wird von seinem Vater zum Erben des Königreichs bestimmt. Aber Ramas Stiefmutter ist mit dieser Wahl nicht einverstanden, da sie das Königreich für ihren eigenen Sohn haben will. Geschickt fädelt sie es ein, dass Rama, Sita und Ramas leiblicher Bruder in die Verbannung geschickt werden und auf sich gestellt im Wald leben müssen. Dort versucht der vielköpfige Dämonenkönig Ravana Sita zu verführen. Als sie ihn abweist, nimmt er voller Zorn die Prinzessin gefangen und bringt sie in seinen Palast auf der Insel Lanka vor der Südspitze Indiens. Schließlich findet Rama, unterstützt von einer Armee Affen, die der Affenkönig Hanuman anführt, heraus, wo Sita gefangen gehalten wird. Nach einer großen Schlacht, in der sein Bruder tödlich verwundet, aber von Hanuman gerettet wird, kann er Ravana bezwingen und Sita in Sicherheit bringen. In einem dramatischen und unerwarteten Höhepunkt erkennt Ravana, dass Rama Vishnu ist, und will von ihm getötet werden, um eins mit dem Gott werden zu können. Rama weigert sich und der einstige Dämon wird sein ergebener Diener. Alle kehren nach Ayodhya zurück, wo Rama die arme Sita einer Reihe schrecklicher Prüfungen unterzieht, um herauszufinden, ob sie ihm während ihrer Gefangenschaft niemals untreu war. Schließlich wird Rama zum König gekrönt.

Während es in der *Bhagavadgita* um den Konflikt zwischen Gott und der Seele geht, beschäftigt sich das *Ramayama* mit dem Konflikt der Arier mit den Ureinwohnern Indiens, mit dem Land, das sie plünderten und eroberten, und dem Kampf, neue Kulturen in die heimischen zu integrieren.

RECHTS: *Eine Illustration aus dem zweiten großen Hindu-Epos, dem* Ramayama. *Der Affengott Hanuman wird auf feindlichem Territorium von Ravana, dem vielköpfigen Dämonengott, gefangen genommen.*

Dieses heilige Wissen wird nicht durch Schluss-folgerung erlangt. Es kann jedoch von einem wahren Lehrer vermittelt werden.

KATHA-UPANISHAD

DIESE PERIODE DER INDISCHEN GESCHICHTE umfasst die außergewöhnliche Zeit spirituellen Erwachens vor und nach Beginn der christlichen Ära, in der der Hinduismus sich etablierte und die nicht orthodoxen Glaubenssysteme entstanden. In Dichtung und Religion begannen Kritik und Analyse immer mehr an Bedeutung zu gewinnen und das philosophische und religiöse Denken spaltete sich in sechs sich ergänzende Systeme des orthodoxen Hinduismus auf. Nach den dramatischen Erkenntnissen der *Bhagavadgita* und dem polytheistischen Kult der Vedas kann dies als eine Zeit angesehen werden, in der man mit Logik die vorherrschenden Ansichten über die Ursprünge des Universums und des Glaubens niederschrieb. Die sechs Systeme des orthodoxen Hinduismus, die Darsanas, wurden Nyaya, Vaisesika, Samkhya, Yoga, Mimamsa und Vedanta genannt. Alle sechs arbeiteten auf der gleichen Basis und versuchten die Welt und die rechte Lebensweise zu erklären, wenngleich aus verschiedenen Blickwinkeln. Daneben fassten auch die nicht orthodoxen Systeme des Buddhismus und Jainismus Fuß.

DIE ERSTEN ANWEISUNGEN: DIE SUTRAS

BUDDHISMUS UND JAINISMUS ~ Buddha (wörtlich übersetzt der »Erwachte«) wurde als Siddhartha Gautama geboren und war Sohn eines Königs im Grenzgebiet zwischen Nepal und Indien. Im Alter von neunundzwanzig verließ er seine Familie und wurde ein wandernder Saddhu auf der Suche nach Erleuchtung. Mit fünfunddreißig Jahren erlangte er in Bodhgaya schließlich Nirvana, den Zustand vollkommener Achtsamkeit. Die Lehre Buddhas, die übrigens das Kastensystem ablehnte, wurde in Indien über tausend Jahre hinweg angenommen und entwickelte sich unabhängig von den orthodoxen Systemen des Hinduismus. Schließlich starb der Buddhismus in Indien praktisch aus, verbreitete sich aber nach Tibet, Thailand, Korea, Indonesien, China und Sri Lanka.

Wie Patanjalis Yoga-System fordert die buddhistische Lehre einen achtteiligen Pfad der Tugendhaftigkeit. Das buddhistische Ziel ist Nirvana oder die Erlösung von Unwissenheit und Egoismus. Von Anbeginn war Buddha so etwas wie ein Revolutionär, der die damalige auf der vedischen Tradition basierende Form der Gottesverehrung, die am Kosmos orientiert war, durch eine praktische Suche nach individueller Befreiung ersetzen wollte. Der entscheidende Punkt seiner Lehre lautete, im »Hier und Jetzt« zu leben, und seine Regeln für die spirituelle Praxis können als das erste bekannte vollständige Yoga-System angesehen werden. Um den Einzelnen auf die Transzendenz, die spirituelle Welt, vorzubereiten, gibt es Stufen des Verhaltens, des selbstlosen Dienstes, des uneigennützigen Denkens und der tiefen Meditation, in der die Persönlichkeit des Individuums zurückgelassen wird. Ein Zusammenwirken von rechtem Erkennen, rechtem Entschließen, rechtem Reden, rechtem Handeln, rechtem Erwerben, rechtem Bemühen, rechter Aufmerksamkeit und rechter Versenkung führt zu wahrem Wissen und wahrer Erleuchtung.

Der Jainismus erkannte die Inhalte der Vedas nicht an. Jains glauben, dass nur eine vollkommen reine Seele Befreiung finden und nur durch Fasten, Meditation und ein Leben in Einsamkeit der Kreislauf der Wiedergeburt überwunden werden kann. Ein zentraler Punkt ihrer Lehre ist *ahimsa*, Gewaltlosigkeit, die sie als Erste zu einer Lebensregel machten. Streng gläubige Jains haben nur ein Minimum an Besitz, darunter einen Besen, mit dem sie beim Laufen den Boden vor sich kehren, um nicht auf ein Lebewesen zu treten, und ein Stück Stoff, das sie vor den Mund binden, um nicht versehentlich ein Insekt einzuatmen.

In Indien gibt es immer noch drei Millionen Jains, die unter Beachtung von fünf Tugenden leben. Neben der wichtigsten, der Gewaltlosigkeit, sind dies Wahrhaftigkeit, Nichtnehmen, Keuschheit und Besitzarmut. Für sie ist Erlösung nur durch rechte Erkenntnis, rechtes Wissen und rechte Lebensweise möglich.

LINKS: *Natur und Nirvana. Ein an einen Baum gelehnter Buddhakopf wird von dessen Wurzeln umschlungen. Während der Baum wächst, streben beide dem Licht entgegen.*

DIE YOGA-SUTRAS DES PATANJALI ~ Yoga ist eines der sechs Systeme

des orthodoxen Hinduismus und er wurde als eigenständiges Darsana von dem Weisen Patanjali in seinen berühmten *Yoga-Sutras* festgelegt. Die Sutras oder Sutren entstanden zwischen 200 v. Chr. und 200 n. Chr und bilden die Grundlage des klassischen Yoga und des Hatha-Yoga. Dennoch ist es bei der Betrachtung des heutigen Yoga in seinen vielen Inkarnationen hilfreich zu wissen, dass einige Zweige des Yoga, die gelehrt werden, einem anderen der sechs Systeme des orthodoxen Hinduismus entspringen. Die Lehren der Siddha-Yoga-Meditation etwa basieren stärker auf den Glaubenssätzen des Vedanta-Systems als auf Yoga. Alle sechs Systeme wurden in Form von Sutras festgelegt und enthalten mitunter Themen, die von den anderen aufgenommen und diskutiert wurden. Yoga unterscheidet sich von manchen anderen darin, dass er nicht metaphysisch ist. Bei Patanjalis Sutras handelte es sich nicht um Theorien, die zur Debatte standen – sie enthalten die wesentlichen Punkte eines damals bereits feststehenden Ethik-Kodexes, Lehren, die den Menschen schon durch die Upanishads und die *Bhagavadgita* vertraut waren.

Die Sutra-Literatur wurde in Form von Aphorismen verfasst. Es handelte sich dabei um tiefschürfende Gedankengänge, die in knappe Sätzen verpackt waren, damit gebildete und religiöse Menschen sie sich exakt einprägen und wiedergeben konnten. Ihre Prägnanz macht die Sutras natürlich offen für Interpretationen, was erklärt, weshalb der Sutra-Periode eine lange Phase der Kommentierung und Analyse folgte, die als die Gelehrten-Periode bezeichnet wird. Tatsächlich sind die Sutras so knapp formuliert, dass man ihre volle Bedeutung ohne einen solchen Kommentar nur schwer erfassen kann. Da sie darüber hinaus das Produkt der Beobachtungen und Überlegungen vieler Generationen von Denkern sind, kann es schwierig sein, ihre ursprüngliche Formulierung festzulegen. Obendrein gibt es Querverweise zwischen den sechs Darsanas, die parallel zueinander entstanden. Da die Vedas Ursprung aller sechs Systeme waren, überschneiden sich die Themen verschiedentlich.

UNTERSUCHUNG EINES GLAUBENSSYSTEMS ~ Etwa tausend

Jahre vor Patanjalis *Yoga-Sutras* hatten die späteren vedischen Dichter über »das Eine« geschrieben und damit eine dynamische Kraft oder eine Form von Bewusstsein anerkannt, die die Schöpfung der Welt ausgelöst hatte: »Des Weisen Strahl breitete Licht in der Finsternis aus: Doch war das Eine oben oder war es unten? Schöpferische Kraft war da und fruchtbare Macht. Unten war Energie, oben Impuls. Wer weiß das schon sicher? Wer will dies hier behaupten? Woher geboren, woher diese Schöpfung?« (aus der Schöpfungshymne des *Rgveda*).

Die meisten mystischen Traditionen bejahen die Vorstellung des »Einen« oder »kosmischen Ganzen« als ersten Schritt bei der Erschaffung der Menschheit. Und ob nun dieses Eine eine äußere Kraft oder ein inneres Licht ist und welche Technik des Gebets oder der Meditation als notwendig erachtet wird, dieses Konzept zu erkennen oder zu begreifen — es erscheint im Judentum, Christentum und Islam als der eine Gott, in Religionen des

RECHTS: Die heilige Schnur, die der Brahmane um seinen Rumpf trägt, unterscheidet ihn im orthodoxen Hinduismus von den anderen Kasten.

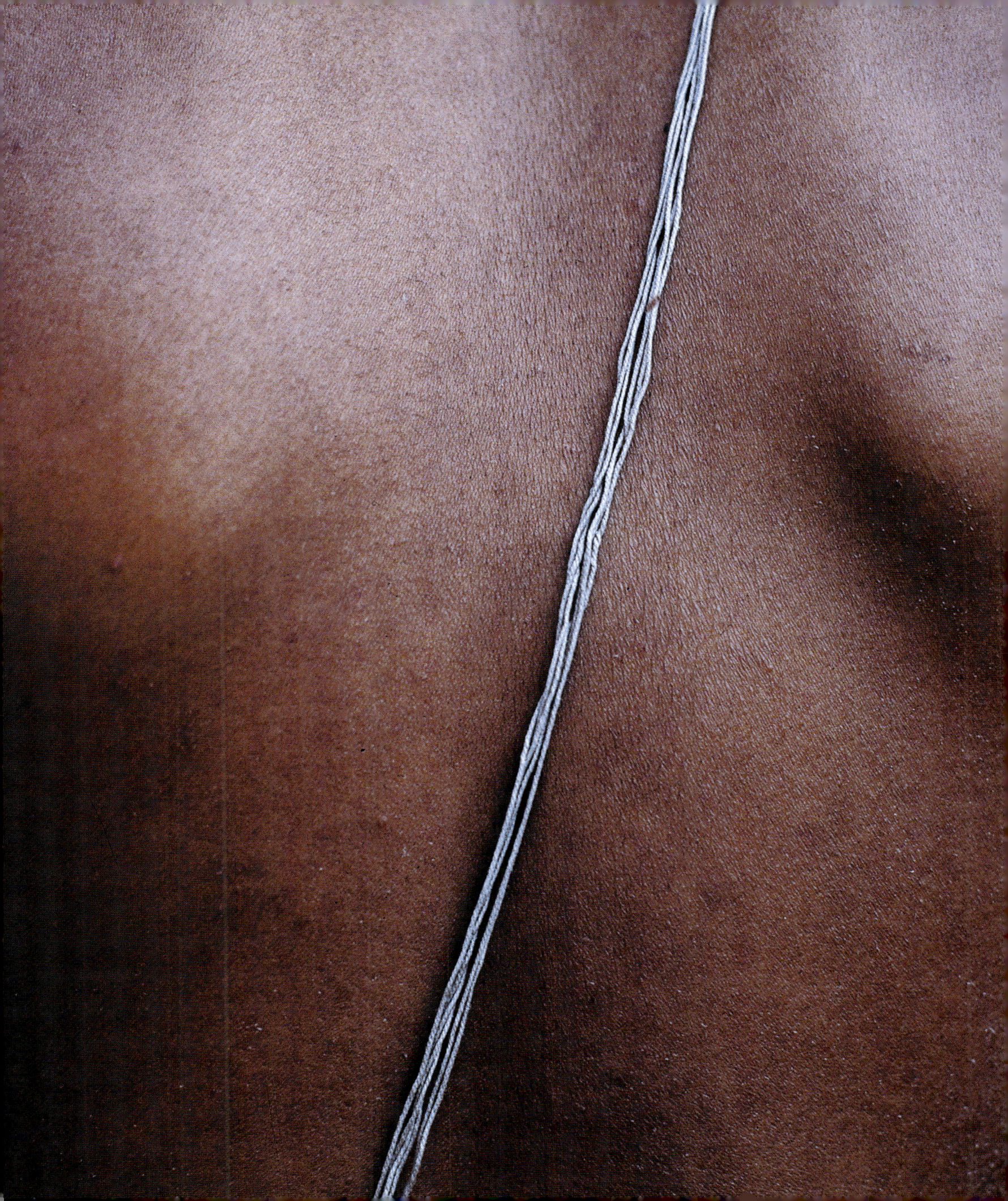

Fernen Ostens als das Tao und in der indischen Tradition, hier aus yogischer Sicht dargestellt, als Brahman.

In der Samkhya Darsana mit ihrer bemerkenswerten Evolutionstheorie basiert alle
Erfahrung auf der Evolution der Natur oder der Urmaterie des Kosmos (*prakrti*) in
reines Bewusstsein oder Geist (*purusha*). In diesem Modell verhält sich der Purusha wie
ein Zuschauer oder sogar wie ein Katalysator zu der Kraft der Prakrti, die Protagonist
der Handlung ist. Mit anderen Worten: Evolution kann nur in Gegenwart von Bewusstsein stattfinden. Das Yoga-System akzeptiert diese Evolutionstheorie, bringt jedoch
Gott, oder Brahman, mit ins Spiel, nicht als Schöpfer, aber als höchstes Wesen und die
Verkörperung all dessen, was weise und gut ist. Zu dem Zeitpunkt, als Patanjali die
Entwicklungen dieser Theorien niederschrieb, lehnten die Buddhisten das Studium der
Vedas und die Evolutionstheorie der Samkhya bereits ab und sagten, die Welt sei ein
ständiger, durch mentale Willenskraft herbeigeführter Prozess ohne Anfang und Ende.
Doch im Yoga-System ist die Hingabe an Gott der Weg zur Vollkommenheit, die man
durch Kontrolle sowohl des Körpers als auch der Psyche erreicht. Solange man Teil
dieser Welt ist, wird man stets danach streben, die beiden zu integrieren.

Das Konzept von Purusha ist vielleicht leichter zu erfassen, wenn man Purusha als
Geist und Prakrti als Materie deutet. Indische Darstellungen zeigen Purusha oft als das
männliche Prinzip mit dem Lingam und Prakrti als das weibliche Prinzip mit der Yoni.
Ziel des Yoga ist, eine Vereinigung von beiden, also von Geist und Materie, herbeizuführen und damit jenen höchsten Zustand, der Glückseligkeit bedeutet – ein Bild, das
nicht unpassend für die Mysterien der Schöpfung ist und bis zu einem gewissen Grad die
Ursprünge des Tantrismus erklärt. Das Shri Yantra, das in der Meditation als visuelle
Hilfe zur Konzentration des Geistes dient, ist ein Diagramm, das genau dieses Konzept
verdeutlicht. Es beginnt an einem Punkt, der die Schöpfung symbolisiert und umgeben
ist von einem Muster aus verflochtenen Dreiecken innerhalb von Kränzen aus Lotus-
blütenblättern, die ihrerseits in einem Kreis sitzen, der den Kosmos symbolisiert.
Dieser Kreis öffnet sich in ein Quadrat, dessen Seiten sich wie Spiegel verhalten, die
unendlich wieder in Spiegeln reflektiert werden. Die aufwärts gerichteten Dreiecke
symbolisieren den Lingam, die abwärts gerichteten Dreiecke die Yoni, ihre gegenseitige
Durchdringung die Vereinigung von Gegensätzen, Geist und Materie, männlich und
weiblich, Schöpfung und Zerstörung, Himmel und Erde. Wenn man durch diese Dreiecke hindurch in den dahinterliegenden Raum schaut, findet sich dort der Punkt der
Unendlichkeit. Von innen nach außen gedeutet, stellt das Diagramm den Prozess der
sich entfaltenden Schöpfung dar, von der Entstehung von Bewusstsein bis zur äußerli-
chen Manifestation der materiellen Welt. Geht man von außen nach innen, wie ein
meditierender Yogi es tun würde, stellt es den Prozess des sich Zurückziehens dar, fort
von der materiellen Welt und hin zu einem Zustand der absoluten Konzentration.

Doch nicht nur im Yoga dient Kunst dazu, die Mysterien der Schöpfung zum Ausdruck zu bringen. Die meisten von uns haben schon von Zen-Kunst gehört, und das
Empfinden von Ewigkeit und die Bewusstseinsebenen sind im Laufe der Jahrhunderte
sehr beredt und schön in der Kunst von Judentum, Christentum und Islam dargestellt

RECHTS: *Dieses bekannte
Mandala, das Shri Yantra,
stellt nicht nur die yogische
Sichtweise vom Kosmos dar,
sondern wird häufig auch
in der Meditation verwen-
det, um den Yogi nach innen
zu lenken.*

worden. Künstler der Moderne und der Gegenwart haben mit Konzepten gearbeitet, die sich bewusster auf Yoga beziehen. Brancusi, Klee, Kandinsky, Mondrian und Rothko – sie alle waren mit den theosophischen Deutungen der orientalischen Philosophie vertraut. Kandinsky schrieb einmal: »Das spirituelle Leben, zu dem die Kunst gehört und zu dessen mächtigsten Vermittlern sie zählt, ist eine über und außerhalb allem stehende komplexe, aber definitive Bewegung, die in Einfachheit übersetzt werden kann. Die Methoden der verschiedenen Künste sind äußerlich völlig unterschiedlich. Klang, Farbe, Wort. In ihrem innersten Kern sind diese Methoden vollkommen identisch. Das letztendliche Ziel (Erkenntnis) wird durch die zarten Schwingungen der menschlichen Seele erlangt.«

Patanjali erklärt, wie Prakrti, oder Materie, durch ein Gleichgewicht zwischen drei Eigenschaften, den so genannten *gunas*, von selbst entsteht. Die *gunas* sind *sattwa*, »Reinheit«, *rajas*, »Aktivität« und *tamas* »Trägheit«. Diese drei Prinzipien sind Basis aller Materie und erzeugen Vergnügen, Leid und Gleichgültigkeit. Wie es heißt, erklärt die Wechselwirkung zwischen diesen drei Gunas die sich ständig wandelnden Möglichkeiten von Erfahrung. Wenn sich diese drei Elemente im Gleichgewicht befinden, herrscht vollkommene Stille. Nur wenn das Gleichgewicht gestört wird, kann der Prozess der Evolution beginnen.

Jede Tradition, Kultur und Religion hat sich mit der Idee von »dem Einen« als Ursprung allen Seins beschäftigt. Moderne und Gegenwartskünstler bringen dies manchmal zum Ausdruck, indem sie sich bewusst auf yogische Vorstellungen beziehen.

UNTEN LINKS: *Die Tafel einer Intarsientür aus dem fünfzehnten Jahrhundert. Alle Teilchen wurden einzeln gefertigt und dann zu einem Muster der »Sternenentstehung« zusammengefügt, das im Islam Einheit und Unendlichkeit symbolisiert.*

UNTEN RECHTS: *Diese Abbildung, die die Schöpfung darstellt, entstammt einem Stundenbuch, einer illuminierten Handschrift der Schöpfungsgeschichte, die 1224 für die Lesung aus den Büchern der Propheten am Ostersonntag entstand.*

RECHTS: *Anish Kapoor,* White Dark III, *1995.*

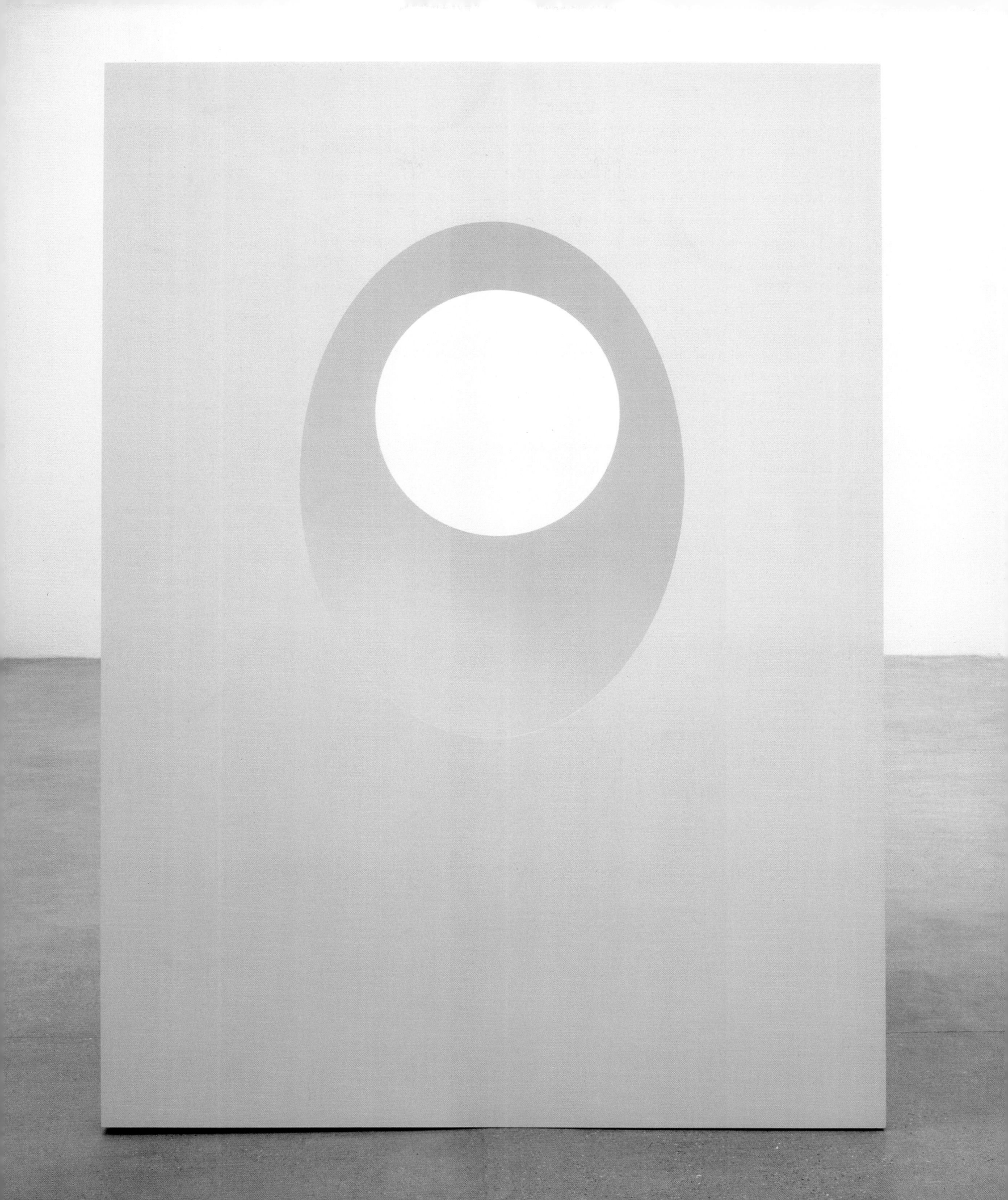

»In Einem schau die ganze Welt, was sich bewegt und nicht bewegt, in meinem Leibe sieh das hier, und was du sonst noch sehen magst.« Diese Ermahnung Krishnas in der Bhagavadgita findet in der schematischen Darstellung der »Größe der Himmelskörper«, wie sie der Holländer Andreas Cellarius 1661 einschätzte, angemessen Ausdruck.

Die Leere ist nicht still. Ich habe sie stets in zunehmendem Maße als einen Übergangsraum, einen Zwischen-Raum betrachtet ... Ich war als Künstler immer daran interessiert, wie man diesen allerersten Moment der Kreativität wieder entdecken kann, an dem alles möglich ist und doch nichts geschehen ist.

ANISH KAPOOR IM GESPRÄCH
MIT H. K. BHABHA

Die von Patanjali aufgeführten fünf Hindernisse auf dem Weg zum Glück:

AVIDYA ~ *Unwissenheit oder Missverstehen, wodurch alle anderen Hindernisse verursacht werden*

ASMITA ~ *Egoismus, die falsche Identifikation des Selbst mit den Instrumenten von Körper und Geist*

RAGA ~ *Verhaftung oder Bindung, das Begehren von Dingen, die schon einmal Freude bereitet haben*

DVESA ~ *Abneigung, Angst vor Dingen die aus Erfahrung unangenehm sein können*

ABHINIVESA ~ *Todesfurcht, die instinktive Liebe zum Leben und die Angst vor dem Tod*

DA DAS YOGA-SYSTEM zum Ziel hat, den Geist in Vorbereitung auf die spirituelle Erleuchtung zu reinigen, führt Patanjali in den *Yoga-Sutras* die praktischen Methoden an, durch die sich das Selbst, der Atman, der in der *Bhagavadgita* als Arjuna personifiziert ist, von den Leiden des Ego befreien kann, um dem Pfad ohne Ablenkung folgen zu können. »Die Erfahrungen von Vergnügen und Leid sind die Früchte von Verdienst beziehungsweise Schuld«, sagt Patanjali in der vierzehnten Sutra des zweiten Kapitels und er fährt fort: »Aber ein Mensch mit spiritueller Unterscheidung sieht all diese Erfahrungen als leidvoll an. Denn sogar der Genuss von gegenwärtigem Vergnügen ist leidvoll, da wir schon seinen Verlust fürchten. Vergangenes Vergnügen ist schmerzlich, weil durch die Eindrücke, die es im Gemüt hinterlassen hat, erneute Begierden aufkommen. Wie kann irgendein Glück von Dauer sein, wenn es nur von unseren Stimmungen abhängt? Denn diese Stimmungen verändern sich dauernd, so wie die eine oder andere der sich dauernd streitenden Gunas Kontrolle über das Gemüt hat.«

Zunächst müssen wir zwischen dem Selbst und dem Ego unterscheiden, denn das bewusste Selbst ist von Natur aus rein, während das Ego, das von dem persönlichen Erleben der Welt abhängig ist, seine Erfahrungen unweigerlich verdreht. Leiden wird, wie es heißt, durch *avidya*, das Missverstehen der wahren Natur der Welt, verursacht. Das Selbst ist von der Materie getrennt, und wer diesen Unterschied erkennt, befreit sich von Leid. Patanjali erklärt diese falsche Identifikation des Atman mit dem Ego und führt ihre fünf Ursachen auf, die Hindernisse auf dem Weg zum Glück darstellen und alles Leid verursachen (siehe linke Seite). Anders ausgedrückt: Eigennutz, Genusssucht, Eitelkeit und Selbsttäuschung können niemals der Weg zu Frieden und Glück, Moral oder den Grundlagen religiöser Praxis sein.

Das besondere Merkmal des Yoga-Systems ist sein praktisches Regelwerk, das, wenn es befolgt wird, den Yogi »zum Licht« führen wird: »Sobald die Unreinheiten durch die Praxis spiritueller Disziplinen – die »Glieder« des Yoga – entfernt worden sind, öffnet sich die spirituelle Vision eines Menschen für das Licht spendende Wissen über den At-man«, sagt Patanjali. Zu diesen acht »Gliedern« gehören ein Moralkodex, wie man sich gegen sich selbst und gegenüber der Umwelt verhält, Körperstellungen, Atmung und Meditation. Patanjali nennt sie den Pfad des Ashtanga-Yoga, den »achtgliedrigen« Pfad. Einige Leute bezeichnen ihn als den Pfad des Raja-Yoga. Diese acht Grundsätze sind ein Leitfaden für perfekten Yoga, der der Weg zur Vereinigung mit dem universellen Geist, dem Purusha, ist. Wenn der Yogi diesem Weg folgt, kann er letztlich ein größeres, tiefe-res Wissen über die Dimensionen des Lebens erlangen, die Realität transzendieren und Glückseligkeit finden. Die acht Glieder von Patanjalis System sind:

An einem Ort, an dem kein Wind bläst, flackert eine Lampe nicht; ebenso verhält es sich mit einem Yogi, der seinen Geist, seinen Intellekt und sein Selbst beherrscht und in den Geist in seinem Innern versunken ist.

BHAGAVADGITA

YAMA

Enthaltung von bösem Tun

NIYAMA

Vorschriften

ASANA

Körperhaltung

PRANAYAMA

Atemkontrolle

PRATYAHARA

Zurückziehen der Sinne

DHARANA

Konzentration

DHYANA

Meditation

SAMADHI

Versenkung

Yama ist die Enthaltung davon, anderen Schaden zuzufügen, von Falschheit, von Diebstahl, von Zügellosigkeit und von Habgier.
PATANJALI

Die Niyamas, die Regeln, heißen: Reinheit, Zufriedenheit, Kasteiung, Studium und Hingabe an Gott.
PATANJALI

LINKS: *»Die Perfektion des Körpers umfasst Schönheit, Grazie, Stärke und die Härte eines Blitzes«, sagt Patanjali. Diese Schnitzerei des Arjuna, dessen Haltung der Baum-Stellung verdächtig ähnlich sieht, befindet sich an dem Tempel Mahabali Puram.*

YAMA ~ Als ersten Schritt zur Erleuchtung muss der Yogi sich aus moralischem Blickwinkel mit seiner Umwelt befassen. Die fünf Regeln von Yama haben viel mit den moralischen Geboten der Buddhisten und Jains gemein. Die erste ist *ahimsa*, was als Gewaltlosigkeit übersetzt und als Lebensführung interpretiert werden kann, durch die man weder durch Gedanken noch durch Worte oder durch Taten anderen Schaden zufügt. *Satya* fordert Wahrhaftigkeit und zum Thema *asteya*, bei dem es darum geht, dass man nicht stehlen darf, sagt die Sutra siebenunddreißig: »Wenn ein Mensch standhaft wird in seiner Enthaltung von Diebstahl, kommt jeder Reichtum zu ihm.« *Brahmacharya* bedeutet Enthaltsamkeit oder Zölibat. Derjenige, der den Pfad des Yoga geht, sollte keinen Geschlechtsverkehr haben, um frei von Bindung und den mit ihr verbundenen Ablenkungen zu sein. Zeitgemäßer ausgelegt könnte man sagen, dass beim Sex Maß gehalten werden sollte. Das fünfte und letzte Gebot ist *aparigraha*, Begierdelosigkeit. Nicht habsüchtig sein ist zweifellos eine wichtige Eigenschaft für jemanden, der nach Nicht-Haftung strebt. *Aparigraha* beinhaltet auch, keine Geschenke anzunehmen, die als Bestechung gedacht sein könnten.

NIYAMA ~ Um in einen Zustand der Konzentration auf höhere Dinge gelangen zu können, muss auch der Körper rein sein. »Sauberkeit kommt gleich nach Gottesfurcht«, sagt die christliche Kirche und der Yogi macht sich diese Regel zueigen, indem er mit *sauca*, einer reinen Ernährung, und einfacher Körperhygiene beginnt, um Gott näher zu kommen. Nach Patanjali muss er zudem einen reinen oder unverdorbenen Geist haben. Der unreine Geist wird von Christopher Isherwood und Swami Prabhavananda in ihrem Kommentar der *Yoga-Sutras* als latenter Mangel an Urteilsvermögen gedeutet. »Die Gefahr von Klatsch, seichter Unterhaltung, Eintagsjournalismus, Unterhaltungsliteratur, Blind-date-Romanzen usw. ist einfach die: Sie ermutigen uns, in eine entspannte Träumerei hineinzugleiten, zuerst neutral, aber bald gefärbt von Ängsten, Süchten und Abneigungen, sodass das Gemüt dunkel und unrein wird.«

Samtosa, der zweite Niyama, beschäftigt sich mit Zufriedenheit. Der Yogi muss die Realität emotionslos annehmen und ihr ins Auge sehen. Ruhm oder Anonymität, Vergnügen oder Leid, Gewinn oder Verlust, Erfolg oder Misserfolg, alles ist gleich. Die dritte Verhaltensregel ist *tapas*, was Enthaltung bedeutet. Sie bringt das Element der Askese in den Pfad des Yoga, die als notwendig betrachtet wird, wenn der Yogi unter Beweis stellen will, dass er von nichts abhängig ist. Der russische Klassiker *Aufrichtige Erzählungen eines russischen Pilgers* berichtet von einem Leben im Sinne von Tapas und viele der berühmtesten Gurus und Weisen haben auf ihrem persönlichen Weg zum Yoga Jahre einsam in Meditation verbracht, nur mit den allernotwendigsten Dingen versorgt. Wie die *Bhagavadgita* macht aber auch Patanjali klar, dass es bei Tapas um gesunde Selbstkontrolle geht und nicht etwa um die obsessiven oder gar masochistischen Praktiken, die manch einer mit Askese verbindet. *Svadhyaya*, der vierte Niyama, betont den Nutzen fortwährenden Lernens und Studiums und der fünfte, *ishvara-pranidhana*, beinhaltet die Hingabe aller Handlungen an Gott. Hierbei geht es um eine andere Form der Nicht-Haftung: Man darf etwas nicht um der Früchte einer Handlung willen tun, sondern nur um der Handlung selbst willen und aus Liebe zu Gott.

ASANA ~ Asana ist eine Form der Leibesübung, die den Körper kräftig und gesund werden lässt, was wiederum zu einer ausgewogenen Einstellung gegenüber der Erziehung des Geistes beitragen kann. Asanas geben dem Körper das Gefühl der Erdung, wodurch Energie freigesetzt wird.

PRANAYAMA ~ Dies ist das einzige Thema in den Yoga-Sutras, bei dem Patanjali feststellt, dass man keines der acht Glieder des Yoga üben soll, ehe man nicht ein anderes beherrscht, was viel über die mächtige Wirkung des Atems aussagt. Pranayama ist ein physisches Mittel zum Erreichen eines spirituellen Ziels. Aufgrund der engen Beziehung zwischen dem Fließen des Atems und der mentalen Verfassung eines Menschen kann eine richtige Atmung geistige Ausgeglichenheit und Klarheit fördern. Zu viele Atemübungen können jedoch Halluzinationen und sogar Geisteskrankheit hervorrufen.

PRATYAHARA ~ Dies ist die erste rein geistige Stufe von Patanjalis achtgliedrigem Yoga-Pfad. Pratyahara bedeutet das Zurückziehen des Geistes von Sinnesobjekten. Der Geist ist durch richtige Atmung klar und der Körper gesund und rein. Jetzt kann die Aufmerksamkeit von äußeren Objekten und Ablenkungen zurückgezogen werden.

DHARANA ~ Dharana ist reine Konzentration, um *ekagrata*, die Sammlung des Geistes in einem einzigen Punkt, herbeizuführen, damit er sich ausschließlich und unerschütterlich auf eine Sache fixieren kann. Sie wird gewöhnlich durch Verwendung eines Mantras, Mandalas oder ähnlichen Hilfsmittels erreicht. Viele der Vorbedingungen für die Meditation, die yogische Texte beschreiben, finden sich auch in der *Philokalia*, einem der größten Werke des christlichen Mystizismus: »Lass dich allein und schweigend nieder. Senke deinen Kopf, schließe deine Augen, atme sanft aus und stell dir vor, dass du in dein Herz schaust. Während du ausatmest, sagst du: ›Herr Jesus Christus, erbarme dich meiner.‹ Sprich dies mit sich sanft bewegenden Lippen oder sprich es einfach im Geiste. Versuch alle anderen Gedanken beiseite zu schieben. Sei ruhig, sei geduldig und wiederhole diesen Vorgang viele Male. Sammle deinen Geist, führe ihn auf den Weg des Atems, über den die Luft eintritt, lenke ihn, damit er zusammen mit der eingeatmeten Luft vollständig in das Herz geht, und halte ihn dort.«

DHYANA ~ Dhyana bedeutet Meditation, innere Schau. Der Yogi erreicht es in reiner Form, wenn Dharana sich von selbst einstellt. Der Prozess der Meditation ist damit verglichen worden, Öl in einem gleichmäßigen Strahl von einem Gefäß in ein anderes zu gießen. Die Gedankenwellen des Geistes beruhigen sich zu vollkommener Kontinuität (im Geist wird eine Folge gleichartiger Wellen erzeugt). Wenn dies geschieht, führt es zu Samadhi, dem letzten der acht Glieder des Yoga.

SAMADHI ~ Dies ist der Zustand der Transzendenz am Ende aller Yoga-Praxis. Die letzten drei Stufen des achtgliedrigen Pfades sind miteinander verbunden. Patanjali sagt, dass es zwecklos sei, sich in der Meditation zu versuchen, ehe man nicht die Konzentration beherrscht, und ohne beide ist es nicht möglich, in Samadhi zu gelangen, das höchste Ziel der yogischen Suche, die Befreiung von der Realität, um eine subtile und hoch spirituelle Erfahrung zu machen.

Die Warnung der *Katha-Upanishad*, dass »Yoga kommt und geht«, taucht auch in anderen Texten immer wieder auf. Patanjalis System zum Erlangen von Erleuchtung ist in sich ein Bekenntnis, dass man selbst nach Erreichen der Erleuchtung weiter arbeiten muss, um sie nicht wieder zu verlieren.

RECHTS: Shiva ist in vielen Inkarnationen dargestellt — als der Ehrfurcht erregende Gott der Zerstörung, der seinen Schöpfungstanz zum Rhythmus der Zeit vollführt oder, wie hier, in der weit sanfteren Rolle des Großen Yogi.

Wenn dein Geist seine dunklen Wälder der Täuschung hinter sich lässt, wirst du jenseits der Schriften vergangener und kommender Zeiten gelangen.

BHAGAVADGITA

DIE GELEHRTEN-PERIODE ~ In gewissem Sinn befinden wir uns immer noch in der so genannten Gelehrten-Periode, da die alten Schriften und Sutras bis zum heutigen Tag analysiert, interpretiert und kommentiert werden. Auch wenn den Puristen Patanjalis System vielleicht als das einzig Wahre gilt, ist es nicht die einzige Quelle der Inspiration für die vielen Pfade des Yoga, die sich in seinem Kielwasser entwickelten. Im Westen ist man heute mehr denn je von den Schriften Indiens und insbesondere der indischen Ausrichtung auf den spirituellen Aspekt des Lebens fasziniert. In der indischen Philosophie wird materielles Wohl nicht als Ziel menschlichen Daseins betrachtet und Philosophie und Religion sind eng miteinander verknüpft. Schon immer bestand eine enge Beziehung zwischen Theorie und Praxis, zwischen Glaubenssystem und Lebensweise.

YOGA-PFADE

HATHA-YOGA ~ Es heißt, dass alle Formen des Yoga mit Hatha beginnen und mit Raja enden. Die meisten Yoga-Anhänger im Westen praktizieren in der einen oder anderen Form Hatha-Yoga und im Allgemeinen wird Hatha-Yoga als die Übung von Asanas, Körperstellungen, verstanden, durch die der Körper ins Gleichgewicht gebracht, gereinigt und gestärkt werden soll, während Raja-Yoga sich mit dem meditativen Aspekt befasst. Richtig ist, dass die Hatha-Yoga-Schriften die Betonung auf die physischen Aspekte der Yoga-Praxis legen. Dennoch umfasst der Hatha-Yoga alle Elemente von Patanjalis acht »Gliedern« des klassischen Yoga, sodass die landläufige Unterscheidung zwischen Hatha und Raja unkorrekt ist. Die *Hatha Yoga Pradipika* sagt, das Ziel des Hatha-Yoga sei die Vereinigung der Energien von HA (Sonne, männliches Prinzip und rechte Seite) und THA (Mond, weibliches Prinzip und linke Seite), die er in dem Energiekanal in der Mitte der Wirbelsäule, der *susumna* genannt wird, verschmelzen lässt. Eine Übersetzungsmöglichkeit für das Wort Yoga ist »Vereinigung«. Um sie zu verstehen, muss man sich mit dem Konzept der Kundalini beschäftigen, das nicht nur der tantrischen Philosophie, sondern allen Arten des Yoga zugrunde liegt.

KUNDALINI-YOGA ~ Die Lehre von der Kundalini entspringt der Vorstellung vom feinstofflichen Körper. Bei der Kundalini handelt es sich um nichts, das man beim Sezieren eines Körpers finden könnte, und die tatsächliche Bedeutung und die Erklärungen der Kundalini und ihrer »Erweckung« sind von viel Geheimniskrämerei und Aberglauben umgeben. Doch wenn man die Kraft der Kundalini mit der des Prana, der Lebensenergie, gleichsetzt, ist sie leichter zu verstehen. Die Lebensenergie soll ungemein fein sein und mehrere Schichten des Körpers bilden, die durch moderne wissenschaftliche Methoden nicht nachweisbar sind. Auf dieser Ebene gibt es ein inneres Universum, das von Prana durchdrungen wird, und diese Lebenskraft fließt durch Kanäle, die man als *nadis* bezeichnet. Es gibt Hunderte Nadis, die zwei wichtigsten sind

jedoch *pingala*, die die Sonnenenergie (HA) transportiert, und *ida*, durch die die Mondenergie (THA) fließt. Yoga hat zum Ziel, das Prana in Susumna-Nadi zu lenken, den zentralen Kanal, der wie die Kanäle des Nervensystems entlang der Wirbelsäule verläuft. Die warme Energie der Sonne und die kühle Energie des Mondes winden sich um die Wirbelsäule und treffen sich an sechs Punkten, den so genannten Chakras.

An der Basis der sechs Punkte befindet sich die ruhende Energie, die durch eine zusammengerollte Schlange symbolisiert wird. Sie stellt die weibliche Energie Prakrti dar und ist als Kundalini bekannt. Ziel einiger Hatha- und Tantra-Praktiken ist es, diese ruhende Energie, diese Schlange, zu erwecken und die Susumna-Nadi emporsteigen zu lassen. Auf ihrem Weg aktiviert sie die Chakras, bis diese sich alle im letzten, dem siebten Chakra, dem Sitz der männlichen Energie (Purusha), am Scheitelpunkt des Kopfes vereinen. Dies führt zu Transformation. Man könnte es auch Wahrheit, Glückseligkeit, Nirvana, Himmel, Erwachen oder Erleuchtung nennen. Diese Erfahrung ist nicht einem Donnerschlag, einem Stromstoß oder einem unglaublichen Orgasmus vergleichbar, wie dies faszinierende Bilder von der Schlangengöttin und den Zentren der Energie gelegentlich nahe legen, und es ist irreführend und manchmal sogar gefährlich, sie auf diese Weise darzustellen. Wenn man regelmäßig meditiert und der Geist ruhig und gesammelt ist, ist es möglich, diese Harmonisierung und ein Freiwerden von Energie wahrzunehmen. Dann wird klar, dass es bei allen Pfaden oder Richtungen des Yoga um die gleiche Sache geht: den Geist zu beruhigen und uns zu ein oder derselben höchsten Vereinigung, oder Yoga, zu führen.

TANTRA-YOGA ~ Niemand weiß, wie alt der Tantrismus ist. Die ältesten überlieferten Texte sind buddhistischer Herkunft und entstanden um 600 n. Chr., aber viele Elemente des Tantra entstammen älteren sowohl hinduistischen als auch buddhistischen Schriften. In Nepal verschmolzen buddhistisches und hinduistisches Tantra, während man in Südostasien das hinduistische Tantra übernahm und es gelegentlich mit

Diese aus Rajasthan stammende Darstellung der Chakras aus dem späten neunzehnten Jahrhundert zeigt die voll erblühte Kundalini über dem Kopf des Mannes.

muslimischen Vorstellungen verband. Von dort aus verbreitete es sich in viele Länder, wie etwa China und Japan. Vom siebten Jahrhundert an erlebte es in Tibet eine Blüte und als tibetisches Tantra gelangte es in die Mongolei. Daher ist es kein Wunder, dass die Deutungen des Tantra vielfältig und oft irreführend sind.

Tantra bedeutet »Technik« im Sinne von Fertigkeit oder Geschicklichkeit. In den tantrischen Texten wird der Geheimhaltung und der Initiation durch einen Lehrer große Bedeutung beigemessen. Sie haben die Form von Dialogen zwischen dem Gott Shiva und seinem weiblichen Gegenstück Durga oder Shakti. Es handelt sich um epische Gedichte und verschlüsselte Schriften voller Symbolismus und Rituale, Dschungel und Schlangen, weiblicher Gottheiten und Orgien, Phalluskulte und magischer Praktiken. Die von orthodoxen Brahmanen mündlich überlieferten religiösen Systeme besagen, dass die reale Welt völlig bedeutungslos ist und wir uns von den Dingen lösen müssen, die uns am teuersten sind, wie die Liebe zu unserem Partner, unseren Kindern, Essen, Musik, Kunst und Besitz, da sie Fallen darstellen. Sie lehren Techniken der Enthaltsamkeit und Meditation, die das Ziel haben, sich von diesen wertlosen Ablenkungen zu befreien. Ganz anders die tantrischen Vorstellungen. Nach ihnen sollen Vergnügen und Ekstase nicht unterdrückt, sondern gefördert und positiv genutzt werden. Der Körper dient als Mittel, durch das man Erleuchtung erlangen kann. Aber dies ist kein Freifahrtschein, sich um des schieren Vergnügens willen fleischlichen Leidenschaften hinzugeben. Der hinduistische Tantrismus besagt, dass alles, gut oder schlecht, dem Wirken des weiblichen schöpferischen Prinzips entspringt. Shakti wird gewöhnlich in sinnlicher Umarmung mit Shiva dargestellt, dem Gott, der sie zu seinem eigenen Vergnügen schuf. Natürlich sind beide letztlich eine Person, eine zweigeschlechtliche Gottheit im glückseligen Verkehr mit sich selbst. Oberflächlich betrachtet könnte man dies als eine Übung zur Steigerung der menschlichen Libido deuten und tatsächlich wird die Erweckung der Kundalini oft auf diese Weise interpretiert, doch auf einer tieferen Ebene sieht der Tantrismus, so wie der Yoga, den menschlichen Körper als ein Abbild des Kosmos und umgekehrt. Beide sind sozusagen das gleiche System und der eine ist ohne den anderen nicht vorstellbar. Bei den Tantrika (Zeremonien) werden Techniken geübt, die das Erwecken ruhender Energie zum Ziel haben, doch wenn dies einmal durch rituelle Meditation und Yoga geschehen ist, wird diese Energie nach innen gerichtet und genutzt, um den Übenden zur Erleuchtung zu bringen. Der Tantrismus ist keine Glaubenslehre, sondern eine Lebensweise, anders als traditionelle Systeme, jedoch nicht unvereinbar mit ihnen, weshalb er seinen Weg in viele Traditionen gefunden hat.

Die Anhänger des Tantra-Kultes betrachteten Geschlechtsverkehr als wichtigen Initiationsritus, durch den sie Wissen erlangten. Das männliche und das weibliche Prinzip verschmelzen in dem Paar und transzendieren die sexuelle Vereinigung.

RAJA-YOGA ~ *Raja* bedeutet im Sanskrit »König« und im Zusammenhang mit Raja-Yoga wird das Wort metaphorisch verwendet: Derjenige, der Erleuchtung erlangt, wird zu einem König unter den Menschen. Eine Deutung des Raja-Yoga bringt ihn mit dem Konzept von *isvara* oder Gott in Verbindung. Mit anderen Worten: dem Finden von Gott. In den Vedas wird das Wort Isvara manchmal sogar als Synonym für das Wort Raja verwendet. Eine andere Möglichkeit ist, sich Raja als den König in jedem von uns vorzustellen. Dieses Potential zu geistiger Größe wird durch Ablenkungen, Fantasien und Sinnlichkeit im Alltag verschüttet. Doch durch Übung kann der Geist Kontrolle über die Sinne erlangen, und wer diese Ebene erreicht, findet Klarheit und Frieden. Traditionell wird Raja-Yoga mit dem klassischen Yoga-System des Patanjali verknüpft. Heute haben jedoch Gruppen den Namen Raja-Yoga übernommen, bei denen es sich in Wirklichkeit um nichts als eine weitere religiöse Sekte handelt. Sie haben wenig mit dem Yoga zu tun, den wir hier behandelt haben.

Dieses Gemälde aus dem achtzehnten Jahrhundert, das eine Dame beim nächtlichen Besuch in einem Ashram zeigt, scheint darauf hinzudeuten, dass Yoga und der spirituelle Weg nie allein den Männern vorbehalten waren.

JNANA-YOGA ~ Jnana-Yoga stellt den Aspekt des Yoga dar, bei dem es um die Suche nach wahrem Wissen geht. Es ist der intellektuelle Ansatz zu spiritueller Entwicklung durch Untersuchung und ständige Selbstanalyse. Die dem Jnana-Yoga zugrunde liegende Hypothese lautet, dass alles Wissen in uns verborgen liegt und wir nur den Zugang finden müssen. Traditionell beginnt die Suche nach diesem verborgenen Wissen durch die Weitergabe vom Lehrer an seinen Schüler und durch die Auslegung der alten Schriften. Diskussion und Reflektion führen zu einem allmählichen Erkennen der Wahrheit und einem Verschmelzen mit ihr. Erreicht man die wahre Erkenntnis, ist man in Samadhi.

BHAKTI-YOGA ~ Bhakti entspringt der Wurzel *bhaj*, was dienen bedeutet. Gemeint ist nicht der Dienst an einer Person, sondern an einer Kraft, die größer ist als wir. Bhakti-Yoga befasst sich mit dem Aspekt der Hingabe, der Anerkennung von Gott als Wahrheit. Man könnte ihn als den mystischen Pfad des Yoga bezeichnen, auf dem Gott fraglos gedient wird, indem man über ihn meditiert, seinen Namen ausspricht und stets mit ihm lebt.

KRIYA-YOGA ~ Für Kriya-Yoga existiert keine einheitliche Definition. Nach den Sutras könnte man die Gesamtheit der Praktiken, die als Yoga bekannt sind, als Kriya-Yoga bezeichnen. Dennoch gibt es im Kriya-Yoga drei Aspekte von besonderer Bedeutung: Tapas, Svadhaya und Isvara-Pranidhana. Allen dreien sind wir bei Patanjalis Niyamas begegnet. Tapas wird mit Praktiken wie Asanas und Pranayama verknüpft, die uns helfen können, durch Disziplin sowohl körperliche als auch geistige Blockaden oder »Leiden« zu beseitigen. Svadhyaya ist das Fragenstellen und die Selbstprüfung und Isvara-Pranidhana steht für ein Handeln, das nicht ergebnisorientiert ist. Alle drei Elemente berühren jeden anderen bereits besprochenen Aspekt des Yoga, doch speziell diese drei zusammengenommen haben das gemeinsame Anliegen der Reinigung, das sie als Kriya-Yoga definiert. Kriya-Yoga sollte nicht mit den Kriyas verwechselt werden, den Reinigungstechniken, die im zweiten Teil des Buches beschrieben wurden.

KARMA-YOGA ~ Karma ist ein Sanskrit-Wort, das von Leuten, die es nicht verstehen, überstrapaziert und missbraucht wurde. Es bedeutet »Handlung« oder »Arbeit« und »die Konsequenzen der Handlung«. In der *Bhaga-vadgita* erklärt Krishna seinem Schüler Arjuna, dass wir im Leben nur handeln können, dass jedoch unser Tun nie von Erwartungen beeinflusst werden sollte, die wir vielleicht daran knüpfen, oder von ihrem erwarteten Erfolg oder Misserfolg. Das Gesetz des Karma ist das Gesetz von universeller Ursache und Wirkung, das den Menschen in das Universum einbindet. Dieses Gesetz entscheidet darüber, welche Wirkungen unsere Handlungen haben, wobei unsere Wahr-nehmung, ob sie ein Erfolg oder Misserfolg sind, keine Rolle spielt und nichts weiter als reine Ablenkung bedeutet. Karma-Yoga ist somit der Yoga der selbstlosen Handlung.

Asketen haben lange Zeit einen Zauber auf weltliche Fürsten ausgeübt. Ihre Besuche bei den Eremiten auf der Suche nach weisem Rat sind häufig Gegen-stand von Illustrationen.

Ich bin nicht hier, um dir zu sagen, wie es enden wird. Ich bin hier, um dir zu sagen, wie es beginnen wird.

NEO, GESPIELT VON KEANU REEVES IN DEM FILM »MATRIX«

WIEWOHL YOGIS UND ASKETEN lange von Königen und Prinzen um ihren Rat gefragt wurden, bezweifelte ein französischer Edelsteinhändler namens Tavernier, der schon im siebzehnten Jahrhundert Indien bereiste, die Glaubwürdigkeit vieler »Fakire«, denen er begegnete, und brachte dies mit derben Worten zum Ausdruck: »Sie sind allesamt Vagabunden und faule Schmarotzer, die die Augen der Menschen mit unaufrichtigem Glaubenseifer blenden und ihnen weismachen, dass alles, was aus ihrem Mund kommt, eine Offenbarung ist.« Dennoch betrachtete er einen Saddhu, der sich tagelang ohne Essen und Trinken in einer Hütte eingeschlossen hatte, als »eine Sache, die ich nicht glauben würde, hätte ich sie nicht gesehen. Der Vorsitzende der Holländischen Handelskompanie stellte einen Spion ab, der Tag und Nacht beobachtete, ob ihm irgendwer Proviant brächte. Doch er konnte keinerlei Hilfe für den Fakir ausmachen, während dieser die ganze Zeit wie unsere Schneider auf seinem Hintern saß und sich während insgesamt sieben Tagen nicht einmal bewegte.«

AUF BESTEM WEGE ZUR UNSTERBLICHKEIT

Zur Zeit der britischen Herrschaft in Indien stellten viele einheimische wie auch britische Kommentatoren fest, dass der Standard der hinduistischen Praxis und Gelehrsamkeit gesunken sei. Ein großer Reformer des frühen neunzehnten Jahrhunderts, Ram Mohan, ein in Kalkutta lebender Brahmane, sagte, der Hinduismus sei degeneriert, weil die ungebildeten Massen nicht mit dem wahren Geist ihres Glaubens vertraut seien, wie ihn Vedas und Upanishads darstellten. Dies habe sie, wie er glaubte, für die Machenschaften skrupelloser und selbstsüchtiger Priester offen gemacht, die mit ihren abergläubischen Vorstellungen und Ängsten spielten. Diese Priester und das, was der Gelehrte Julius Lipner »wuchernden Polytheismus, Götzenanbeterei und Ritualismus« nannte, »die mit dem Krebsgeschwür der Priesterschaft und so verabscheuungswürdigen gesellschaftlichen Bräuchen wie Witwenverbrennung, Kasten- und Geschlechterdiskriminierung durchsetzt seien«, hatten den Hinduismus in Verruf gebracht. Das Gegenmittel war nach Ram Mohans Überzeugung eine Rückkehr zu den Lehren der Upanishads. Er wurde zu einer Schlüsselfigur in der hinduistischen Reformbewegung und bereitete wohl der Begeisterung und dem Interesse des Westens am Hinduismus, die von der Mitte des neunzehnten Jahrhunderts an einsetzten, den Boden.

Die Einzigartigkeit des Yoga besteht nach Meinung einiger Philosophen darin, dass er auf einer lebendigen Tradition beruht und doch auf eine allgemein verständliche Ebene übertragen worden ist, sodass ein unglaublich breites Publikum ihn erlernen und anwenden kann, das überdies nicht notwendigerweise den gleichen kulturellen Hintergrund haben muss. Carl Gustav Jung glaubte, dass Yoga niemals vom Westen einverleibt werden könnte, doch in diesem Punkt scheint er sich geirrt zu haben. Die Anziehungskraft von Yoga ist nicht kleiner, sondern größer geworden, vor allem wenn man ihn mit anderen alten mystischen Traditionen vergleicht, etwa den griechischen Mysterien, der alten ägyptischen Magie, Formen des Schamanismus oder dem christlichen Mystizismus des Mittelalters. Doch für den Puristen ist die Form, die Yoga heute im Westen annimmt, im Vergleich zu der ritualistischen und asketischen Sichtweise der Yogis der brahmanischen Kultur ein einfacher Weg. Für Letztere besteht der Pfad des wahren Yogi in der Entsagung aller materiellen und weltlichen Interessen, Verpflichtungen und Ziele und in der Konzentration auf die Suche nach der letztendlichen Wahrheit. Viele umherziehende Asketen führten ein langes, dem Yoga geweihtes Leben, zu dem nicht nur jahrelanges Studium bei einem Lehrer gehörte, sondern später auch eine Zeit selbst auferlegter Armut und Obdachlosigkeit, während der Yogi sein Dasein als Einsiedler verbrachte, arbeitete, betete, ohne Bindungen durch das Land zog und Sorge trug, dass er bei seinem Tod keinerlei Spuren hinterließ.

Durch Vergnügen und Schmerz, durch Gut und Böse, fließt der unendliche Strom der Seelen in den Ozean der Vollkommenheit, der Selbsterkenntnis.

SWAMI VIVEKANANDA

GLOSSAR DER SANSKRIT-BEGRIFFE

ABHINIVESA ~ Furcht (siehe auch Avidya).

AHIMSA ~ Gewaltlosigkeit.

ASMITA ~ Ego (siehe auch Avidya).

ATMAN ~ unsterbliche Seele, das Selbst.

AUM ~ der heilige ewige Ton, dem alle Elemente und Gunas entspringen. Mit anderen Worten: der Ton der Schöpfung des Universums. Er wird häufig in der Meditation verwendet. Eine andere Schreibweise ist OM.

AVIDYA ~ wird unterschiedlich übersetzt als Missverstehen, mangelndes Erkennen, Nichtwissen oder Unwissenheit. Es ist das, was zwischen einem Menschen und seiner Fähigkeit steht, den wahren Zustand des Yoga zu erreichen, und es ist das wichtigste der insgesamt fünf Hindernisse, zu denen ferner Asmita, Raga, Dvesa und Abhinivesa gehören.

BHAKTI ~ Hingabe. Bhakti-Yoga legt die Betonung auf Hingabe oder Liebe.

DARSANA ~ wörtlich übersetzt, eine Art zu schauen, genauer nach innen zu schauen. Darsana bezeichnet die sechs klassischen Systeme des indischen Denkens. Patanjali systematisierte den Yoga als eigenständiges Darsana (neben Vedanta, Mimansa, Samkhya, Vaisesika und Nyaya).

DVESA ~ Abneigung (siehe auch Avidya).

GUNA ~ Eigenschaft, Qualität. Es gibt drei Gunas – Rajas, Sattwa und Tamas –, die in ihrem Zusammenwirken den Zustand des Universums bestimmen und überdies geistige Qualitäten sind.

JNANA ~ Erkenntnis. Der Pfad des Jnana-Yoga legt seinen Schwerpunkt auf Untersuchung und Analyse.

KAIVALYA ~ Befreiung des Purusha. Der ultimative Zustand im Yoga – Erlösung.

KARMA ~ Handlung, Tat, sowohl auf geistiger als auch physischer Ebene, und das Gesetz ihrer Wirkung auf die Zukunft.

Das Konzept des Karma ist daher eng mit dem der Reinkarnation und des Kreislaufes der Wiedergeburt verbunden, aus dem sich Hinduisten und Buddhisten befreien möchten.

MAYA ~ Illusion, insbesondere der irdischen Welt scheinbarer Vielfalt, die uns den Blick für die Realität – die Einheit – verbaut. Als Maya wird auch die Kraft der Natur bezeichnet, die diese Illusion erzeugt.

MOKSHA ~ endgültige Erlösung, Befreiung.

OM ~ siehe AUM.

PRAKRTI ~ Urmaterie, das primitive, nicht intelligente Prinzip, auch die weibliche Energie, die aus den drei Gunas besteht. Wenn Prakrti Purusha umschlingt, vereinigen sich beide zu einem einzigen Prinzip, was als Überwindung der Dualität erlebt wird. Das Konzept von Prakrti erklärt, weshalb wahre Erkenntnis nicht durch den menschlichen Intellekt möglich ist: weil der Intellekt selbst ein Teil von Prakrti ist.

PURUSHA ~ Lebenskraft, vitale Energie, der Atem. Geist, reines Bewusstsein. Das männliche inaktive Grundprinzip, das zusammen mit Prakrti das Universum erzeugt. Durch Avidya wird Purusha verschleiert.

RAJA ~ Raja-Yoga wird unterschiedlich definiert, etwa als »der Weg der geistig-psychischen Kontrolle … geeignet für einen Menschen mit mystischer Veranlagung« (Swami Sivananda) oder als »Yoga, dessen Ziel die Vereinigung mit der höchsten Macht ist« (T. K. V. Desikachar). Oft wird er auch als der Yoga des Patanjali bezeichnet.

RAJAS ~ eines der Gunas. Die Eigenschaft der Aktivität, Beweglichkeit und Leidenschaft. Sie hat die gleiche Wellenlänge wie die Farbe Rot, ist der Ton A in AUM und wird durch einen Halbkreis dargestellt.

RTA ~ reine Wahrheit – im Gegensatz zu Wahrheiten, die begrifflich Sinn ergeben, aber nur Annahmen des analytischen Geistes beschreiben.

SADHANA ~ Übung.

SAMSKARA ~ Im Unterbewussten latent vorhandener Zustand, der Menschen für bestimmte geistige wie physische Verhaltensmuster empfänglich macht. Er kann zu Avidya führen.

SATTWA ~ ein weiteres Guna. Sattwa ist die erleuchtende, reine Eigenschaft, die für die kosmische Intelligenz steht. Ihre Farbe ist weiß, ihr Ton das U in AUM und sie wird durch eine gerade Linie dargestellt.

SRUTI ~ die Veden, die Worte der Weisen.

SUTRA ~ wörtlich »Faden«. Auch etwas, das sich durchzieht und Dinge zusammenhält wie Aphorismen, Abhandlungen und die Yoga-Sutren des Patanjali. Eingebunden in diese Bedeutung ist auch die Verbindung von Lehrer, Lehre und Schüler.

TAMAS ~ Dieses Guna ist die Eigenschaft der Schwere, Finsternis, Inaktivität und Stabilität. Es tendiert zu Zerstörung. Seine Farbe ist schwarz, sein Ton das M in AUM und es wird durch einen Punkt dargestellt.

TAPAS ~ Askese. Wird auch übersetzt als Kontrolle körperlicher Begierden und Leidenschaften, Reinigung und geistige, moralische oder körperliche Selbstdisziplin.

YAMA ~ allgemeines moralisches Gebot.

YOGI oder YOGIN ~ männlicher Yoga-Treibender.

YOGINI ~ weibliche Yoga-Treibende.

LITERATUREMPFEHLUNGEN

Die bibliografischen Angaben beziehen sich auf die lieferbaren Ausgaben der aufgelisteten Werke.

ANATOMIE

Calais-Germain, Blandine
~ *Anatomie der Bewegung*, Fourier, Wiesbaden 1999

Todd, Mabel Elsworth
~ *The Thinking Body*, Dance Books, Hampshire 1997

YOGA-PRAXIS

Desikachar, T. K. V. und R. H. Cravens
~ *Yoga. Gesundheit von Körper und Geist. Leben und Lehren Krishnamacharyas*, Theseus Verlag, Berlin 2000

Desikachar, T.K.V.
~ *The Heart of Yoga. Developing a Personal Practice*, Inner Traditions International, Rochester, VT 1995

Freemantle, Chloë
~ *Yoga Practise Handbook*. Still Publishing, London 2000

Iyengar, B.K.S.
~ *Licht auf Yoga*, O.W. Barth, München 1993

Myers, Esther
~ *Yoga and You. Energizing and Relaxing Yoga for New and Experienced Students*, Shambhala Publications, Boston, MA 1996

Sabatini, Sandra
~ *Breath. The Essence of Yoga*, HarperCollins, London 2000

Scaravelli, Vanda
~ *Awakening the Spine. The Stress-Free Yoga That Works With the Body to Restore Health, Vitality and Energy*, Harper San Francisco, San Francisco, CA 1995

Stewart, Mary
~ *Teach Yourself Yoga*, McGraw-Hill, New York, NY 1998

Stewart, Mary
~ *Yoga über 50*, Kösel-Verlag, München 1995

Stewart, Mary und Kathy Phillips
~ *Kinder spielen Yoga*, Kösel-Verlag, München 1994

Weil, Andrew
~ *Heilung aus eigener Kraft. Die Selbstheilungskräfte des Körpers aktivieren*, Goldmann, München 1997

INDISCHE PHILOSOPHIE, LITERATUR UND KUNST

Craven, Roy
~ *A Concise History of Indian Art*, Thames & Hudson, London 1997

Eliade, Mircea
~ *Yoga. Unsterblichkeit und Freiheit*, Suhrkamp, Frankfurt/Main 1985

Hariharananda Aranya, Übers. P. N. Mukerji
~ *Yoga Philosophy of Patanjali*, State University of New York Press, New York, NY 1983

Hillebrandt, Alfred
~ *Die Upanishaden*, Diederichs, München 1977

Khanna, Balraj und George Michell
~ *Human and Divine. 2000 Years of Indian Sculpture*, University of California Press, Berkeley, CA 2000

Lipner, Julius
~ *Hindus. Their Religious Beliefs and Practices*, Routledge, London 1998

Mookherjee, Ajit
~ *Yoga Art*, Thames & Hudson, London 1975

Muktananda
~ *Secret of the Siddhas*, Syda Foundation, South Fallsburg, NY 1980

Prabhavananda, Swami und Christopher Isherwood (Hrsg.)
~ *Gotterkenntnis. Die Yoga-Sutras von Patanjali*, Ullstein, München 1998

Radhakrishnan, Sarvepalli und Charles Moore
~ *Sourcebook of Indian Philosophy*, Princeton University Press, Princeton, NJ 1989

O'Flaherty, Wendy (Hrsg.)
~ *Hindu Myths*, Penguin, London 1975

Rawson, Philip
~ *The Art of Tantra*, Thames & Hudson, London 1985

Schroeder, Leopold von und Heinrich Zimmer
~ *Die Bhagavadgita*, Diederichs, München 2000

Werner, Karel
~ *Yoga and Indian Philosophy*, South Asia Books, Columbia, MO 1998

MYSTIZISMUS UND SPIRITUALISMUS IN ANDEREN TRADITIONEN

Chopra, Deepak
~ *How to know God*, Harmony Books, New York, NY 2000

Goldsmith, Joel S.
~ *Conscious Union with God*, Acropolis Books, Leicester 2000

Dalai Lama
~ *The Good Heart*, Rider, London 1996

Khalil Gibran, hrsg. von Robin Waterfield
~ *The Voice of Khalil Gibran. An Anthology*, Arkana, London 1995

Main, John
~ *Das Herz der Stille. Anleitungen zum Meditieren*, Herder, Freiburg 2000

Main, John
~ *The Way of Unknowing*, Darton Longman & Todd, London 1989

Main, John
~ *The Heart of Creation*, Darton Longman & Todd, London 1988

Schimmel, Annemarie
~ *Mystische Dimensionen des Islam. Die Geschichte des Sufismus*, Insel, Frankfurt/Main 1995

Revel, Jean-François und Matthieu Ricard
~ *The Monk and the Philosopher. East Meets West in a Father-Son Dialogue*, HarperCollins, London 1998

Washington, Peter
~ *Madame Blavatsky's Baboon. A History of the Mystics, Mediums, and Misfits Who Brought Spiritualism to America*, Schocken Books, New York, NY 1995

INDIEN, NEPAL UND TIBET

Archer, William und Mildred
~ *India Served and Observed*, BACSA (British Association for Cemeteries in South Asia), London 1994

Dowman, Keith
~ *The Power Places of Kathmandu. Hindu and Buddhist Holy Sites in the Sacred Valley of Nepal*, Inner Traditions International, Rochester, VT 1995

Jack, Ian (Hrsg.)
~ *Granta 57. India*, Granta Books, London 1997

Maraini, Fosco
~ *Secret Tibet*, Harvill Press, London 2000

Mehta, Gita
~ *Karma Cola*, Vintage Books, London 1994

ERZÄHLUNGEN

Hesse, Herman
~ *Siddhartha. Eine indische Dichtung*, Suhrkamp, Frankfurt/Main 1999

Pirsig, Robert M.
~ *Zen und die Kunst ein Motorrad zu warten*, Fischer, Frankfurt/Main 1978

Seth, Vikram
~ *Eine gute Partie*, Heyne, München 1999

WEITERE LITERATUR

Harris, Judith
~ *Jung and Yoga. The Psyche-Body Connection*, Inner City Books, Toronto, 2000

Jung, C. G., hrsg. von J. J. Clarke
~ *C. G. Jung und der östliche Weg*, Walter Verlag, Düsseldorf 1999

Jung, C. G.
~ *Der Mensch und seine Symbole*, Walter Verlag, Düsseldorf 1995

Reid, Daniel P.
~ *The Tao of Health, Sex and Longevity. A Modern Practical Guide to the Ancient Way*, Simon & Schuster, New York, NY 1989

REGISTER

KUNST DES YOGA

Titel der englischen Originalausgabe: *The Spirit of Yoga*
Ins Deutsche übertragen von Angelika Feilhauer

Die Originalausgabe erschien 2001 bei Cassell & Co, London

Cassell & Co
Wellington House
125 Strand
London WC2R 0BB

Copyright © 2002 der deutschen Ausgabe
by Collection Rolf Heyne GmbH & Co. KG, München
Umschlaggestaltung: R. M. E. Roland Eschlbeck/
Rosemarie Kreuzer
Layout: Kate Stephens
Redaktion: Bettina Blumenberg
Herstellung: Karlheinz Rau
Satz: SatzTeam Berger, Ellwangen/Jagst
Druck und Bindung: Printer Trento, Trient

Printed in Italy

ISBN 3-89910-154-5